# Huésped de tu sombra

Berman Bans

I0152154

*Huésped de tu sombra* ©
Berman Bans
—Primera Edición Casasola Editores 2017—
176 páginas. 5.25 x 8 pulgadas
ISBN-10:1-942369-17-4
ISBN-13:978-1-942369-17-2
Portada y contraportada: Mario Ramos
Diseño y diagramación: Óscar Estrada

Casasola LLC ®
***1619 1$^{st}$ St NW, Apt C Washington, DC 20001***
***Apartado postal 2171, Tegucigalpa, Honduras***

www.casasolaeditores.com

***

# Huésped
# de tu sombra

Berman Bans

casasola
www.casasolaeditores.com

"Only in darkness is thy shadow clear"

Hart Crane, "To Brooklin Bridge"


"Vive el fuego la muerte de la tierra, y vive
el aire la muerte del fuego: el agua vive la
muerte del aire, la tierra, la del agua"

Heráclito, fragmento 79

# I

# Continuidad del origen

"Excelsa es el agua"
Píndaro, *Olímpica I*

## ANAMNESIS

Cada mañana te enfrentas a tu eco
y ensayas tus siete sonrisas solitarias.
Instrumentos afinados, dulcemente agresivos,
tus dientes en hileras ligeramente indisciplinadas,
desde la severa tiniebla intentan sus ardides
una y otra vez y otra y otra
como el suicida que retorna derrotado en cada intento
                                                    [fallido,
más desolado que nunca  ante la tarde
de la cual ya no puede despedirse.
El agua muerta del espejo te devuelve
balbuceando la saliva del deseo,
y la semilla perdida de tu canto regresa en tímidos siseos
                                        aún intraducibles,
pero el iris de tus ojos es una ciega telaraña
transitada por hormigas luminosas
ante la fuente que fundamenta el clandestino rumor
de nuestras voces transitorias.
¿Quién es el perro que nunca calla
con el maldicionario de espumas en la boca?
¿De quién es ese eco
que asciende impasible turbado apenas por fugaces ondas?
Tal vez nadie está soñando con el agua.
Tal vez nadie está mirando a solas.
El ojo de agua sigue en su templo líquido
contemplando tus fallidos gestos de calavera insólita.
Alguien desterró todos los espejos de los monasterios
para asesinar al yo en la tregua de las aguas,
al otro lado de nuestras palabras cenagosas.
Cada mañana te enfrentas a tu rostro, cada vez menos "yo"

y más el "otro"
la navaja desechable arando inofensiva el verdoso vello
para recordar la hierba seca que al atardecer
será cortada entre las sombras.
No te preguntes si has llegado tarde al sepelio del lenguaje.
No preguntes si tu nombre suena o no
a un terco vuelo de ciegas palomas.
Cada mañana oscura emprende alegres funerales
celebrando a mensajeros ahogados en oscuras ceremonias.

## PRIMERA LLUVIA

*Mi corazón mi madre, mi corazón mi madre,*
recité  iracundo contra la muerte en oscuros linderos de
[mi barrio
cuando la lluvia descendía sucia
hacia secas posas de infecundos légamos,
palpitantes hervideros de blasfemias contra el
[mar atormentado.
Bauticé con sobrenombres celtas, y con fuego
[también me bautizaron.
Mi corazón, mi madre, ¡Oh nocturna bodega de
[vientres incendiados!
Crepitaciones de leña entre lenguas amarillas
dispensadoras  furiosas de himnos subterráneos.
Así pasé desapercibido entre sombras omnívoras,
dueñas de indómitos, persistentes bestiarios.
Así atravesé entre fauces espumosas de perros
[escandalosos
enumerando sílabas atónitas
mientras saltaba troncos de árboles caídos,
feroces espaldas de muertos cocodrilos,
cadáveres de Behemot, espinazos de Leviatán,
canoas destrozadas que siguen navegando río abajo:
un largo desfiladero de ataúdes sobre el agua
[profanada, color plomo,
hacia mansos esteros de pestíferos olores
en el corazón corrompido del verano.

## AMNESIAS

He perdido la noción de las manos de mis madres.
De vos ya comencé a olvidar la forma de tus uñas;
los oscuros timbres de tu risa, la curva dimensión
de tus pestañas parpadeantes.
Cierta amnesia invade la liturgia agorera del recuerdo.
Ya no quedan sensaciones al pronunciar ciertas palabras.
Ay, perdidos recuerdos de tu abdomen, del tono
                                        [inexacto de tu vello.
La lluvia sigue derrumbando tumbas
mientras oxida fechas en el cementerio.
Ya sos el vago rostro que viene a ciertas horas.
El rostro afantasmado que miente otros sucesos.
Pronto serás la sombra de muertas construcciones.
Pronto serás la nada con la que nombran el desierto.

## MARINERO EN PIEDRA

La noche me lleva a la deriva en un polvoso
                              [vientre de ladrillos.
Y un zarandeo de toneles viejos, un olor a cuero húmedo,
un ruido de aquelarre repentino
-de catres que rechinan antes del naufragio-
acompaña la marea indetenible de la noche
en su bamboleo de vértigo hacia la náusea del espanto.
Tus pies desnudos marcharán por arenas salinas
donde no quedará piedra sobre piedra
después del insomnio en desamparo.
¿Al otro lado me esperará el consuelo
de dormir desnudo en otra orilla
olvidado de timbres y de nombres,
de palabras  anegadas en tristes baptisterios profanados?
La noche no responde. Es la madre muda de las pesadillas.
Nos sostiene en vilo su silencio
para luego abortarnos en musgosos predios
de cualquier plaza vociferante
donde ejecutan uno a uno a los mensajeros
según el horario de las arpías:
rotundas horas que irrumpirán con ruedas rechinantes
con ruidos autómatas de tecleado curriculum sin vida.
Pero ahora la noche nos sostiene meciéndonos,
*mater et mare monstrum*
con el agua sin tregua y los relámpagos
arrullando nuestra voz en su vientrepétreo
de ladrillos polvosos y huesos de sórdidos sonidos.

## LITORAL

El rumor del mar celebra ceremonias solitarias.
El rumor del mar martilla en tus tímpanos
y evoca el desamparo de la infancia.
La espuma crepitando entre rocas,
la espuma acariciando cuerpos de muchachas
viene y se retira
                se retira y viene
furiosos corceles de salitre galopando hacia la playa.
Los restos de tu vida esparcidos en la costa:
zapatos desgastados, vaqueros rotos, chaqueta hedionda,
poemas podridos en turbulentas páginas:
inútiles piedras tapizadas de madréporas dispersas
y blasfemias en paredes de ciudades derrotadas.
Esta es la llanura  a la que ahora perteneces:
un lenguaje renuente que te incendia la boca
o el abrazo de la arena húmeda de escorias,
un desierto que mostrándose lentísimo
entre sinuosas dunas te sostiene.
He aquí tu celda. Margen en blanco y feroz intermitencia
donde no puedes aferrarte a nadie ni a nada
que no sea la tierra, madrastra que te espera,
después de renacer del agua,
para pronunciar por última vez tu primer nombre.

## FONTE CASTALIA

Dónde te he de buscar sino en la lluvia,
cuando la sonrisa de las cosas: árboles, rostros,
                                    [calles, manos, raíces
en la luz moribunda de mi barrio han empezado
                                    [desnudas a morirse.
Dónde te he de buscar sino en el agua
cuando la sed de vos es un fuego que bajo la
                                    [lengua corre indetenible
hacia la silenciosa ceniza que crece dentro de
                                    [ciertas palabras.
Dónde te buscaré sino en la herida insufrible
cuando las líneas de mis manos, los caminos de aridez
donde he nacido,
desesperadamente pétreo o con precisión mal dicho,
han empezado lentamente a podrirme.
Dónde te buscaré sino en el trueno,
en esa palabra al borde entre relámpago y gemido
donde el deseo de una sola mujer espantó a las sombras
con su carne tierna entonando jubilosos cantos
                                    [clandestinos.
Por qué cauces correrá este río de abundantes
                                    [desperdicios
hacia tus olas furiosas o tu marea en calma
arrastrando nombres dolorosos, viejos pedazos de navíos,
llevando en su corriente maldiciones de hombres
y silencios de mujeres
y cadáveres salidos de sus túmulos
con rostros que dormitan mostrando gestos de
                                    [animales submarinos,
ruinas que surgen bajo la luna anclada en
                                    [muelles solitarios,
detrás del basural de los suburbios.

## BLACK CELEBRATION

Celebremos el *no yo* con danzas y tambores
cuando la luna sigilosa arremete con su luz sobre los perros
entre charcos hediondos de oscuros callejones,
entre patios ateridos de sombras sin recuerdos.
Hay mujeres con máscaras chillantes
masticando carne cruda, mascullando sinsabores
en húmedos umbrales de muerte súbita
donde sus ojos poseídos por la noche
nada esperan del rumor de la lluvia
ni de lentos  automóviles que pasan con vidrios ahumados
reflejando en dos segundos sus áridos rostros inconformes
petrificados de horror en la penumbra.


Celebremos el *no mundo* con sus despertadores
                                              [que nos adormecen:
con sus abrazos que nos rechazan, el día que nos encubre,
esa pálida luz que nos ensombrece
en repetidas ceremonias que jubilosamente nos distancian.

Celebremos la lluvia mal educada que corre
                                         [desnuda por la ciudad
no en mayo ni en junio sino cuando le da la gana
arrastrando barcos de papel y restos de condones
en la turbulencia oscura de sus violentas aguas.
Celebremos el asco del niño ante los zapatos maltratados,
húmedos dormitorios de alacranes recién nacidos,
tumbas innecesarias para los dedos náufragos.
Celebremos en la plaza la danza de sus pies descalzos
y el tambor repentino que lo socorre imitando el
                                              [tam-tam de las olas

detrás de los relámpagos.

Celebremos el transcurso de la tormenta, la
                                    [no-carne del escarnio,
mientras morimos un poco bajo el aguacero
cada vez más inclinados a la tierra con
                                    [humillada reverencia
de girasoles trastocados por la gracia de una vida rápida
o por la desgracia de una muerte lenta:
                                    [inciertos astros moribundos,
cantos inmerecidos transmitiendo la tormenta,
vestigios del agua antigua, persistencia de ceniza,
agua sin tregua, feroz mugre que lanza su luz
                                    [contra la noche
desde jarrones portadores de heliotropos agresivos,
la tristeza de una luz atrapada entre los dedos persistentes
y la mirada penetrante del delirio.

## OBITUARIOS

Anotaciones barruntadas bajo signos de agua,
lo que se posee y nos desposee
entre barcas de pescadores pudriéndose a sus anchas.
El humor negro de las mujeres
metidas hasta la cintura en espuma sucia,
sus bocas oráculos de la diosa blanca,
sus lenguas sagrarios de la religión impura
que ávidos muchachos buscaron dando tumbos
en noches absurdas de puertos desolados
entre dormitorios comunitarios y túmulos de
                              [famosas sepulturas.
*¡evohé, evohé!*
graznaron las gaviotas mientras abordaban la
                              [espuma de las olas.
Y nosotros, poseídos por la tristeza de muelles carcomidos,
ignorábamos la voz del mar
cuyo salitre continúa corroyendo nuestros huesos
a pesar del calendario cristiano
y los célebres rostros de nuestros héroes muertos.

## LLUVIA

La sombra del agua es transparente:
su mano invisible, repentina, se posa
sobre los hombros de obreros presurosos
sobre cabelleras de mujeres sorprendidas
entre la lluvia y su agitada danza de ultratumba.
Su galope furioso azota el pavimento.
Su cuerpo translúcido golpea la ventana.
Me llama por mi nombre a golpe celentéreo,
quiere sepultarme en su vientre de ola
                               o de barcaza.
Yo persisto solo en mi silencio
contemplando su risa de granizo que apedrea el
                               [techo a carcajadas.
Cuando se retira su relincho los predios suelen atreverse
con un musgo apenas parecido al buen tiempo del mar
o su agresiva abundancia.
Y las afligidas cosas de los hombres:
tractores corroídos por el sarro, sucios edificios
                               [de gobierno,
muñecas de hule privadas de sus ojos,
la variopinta ropa de los pobres que ondea
en improvisados  tendederos
a orilla del puesto de camiones, carrocerías
                               [corrompidas en la selva,
barcos a medio hundir entre los suampos,
todas las cosas afligidas de los hombres
regresan a su verdadera tristeza de destierro,
a su nocturno origen
pronunciado al borde de unos labios con insomnio,
sepulcro saqueado de sus símbolos,

maxilares en ayuno
delante de un mantel con bodegones
definitivamente realizados para tus ojos solitarios.

## SUITE N. 1

Cuando digo la lluvia estoy tanteando tu pelo.
Cuando pronuncio la lengua del agua
celosos corceles de espuma asaltan tus ríos por dentro.
¡Hágase la música! Pidió su majestad
al señor austríaco de los instrumentos.
Y la música irrumpió sobre las olas
navegando alegre por el río negro.
Durante todo el viaje sonó la misma Suite
con oboes suaves seduciendo al viento.
Así te convocan por las noches mis palabras
hacia el bautismo de los nombres
o el olvido en las aguas subterráneas
que van huyendo, van huyendo
                                        ya salobres
            en un manto azul eléctrico
hacia el remolino inmóvil que devora nuestras sombras.

## AUTORETRATO MAR ADENTRO

Yo era un niño grande cuando conocí el océano.
Apareció desde la ventana abierta de un automóvil ruso
en brusco movimiento: su grisáceo lomo
                              [brillaba entre los árboles
con la pereza falsa de un ejército de escamas en
                                             [súbito reposo.
Escúchalo retumbar contra las rocas
con sus lenguas de espuma salpicando salitre
sobre cuerpos de núbiles muchachas,
negros, rubios, rojos, sus cabellos,
gritando al feroz golpe de sus olas
renaciendo semidesnudas
ante la súbita pureza de mis ojos:
gozosas vírgenes descalzas
sitiadas por el violento mar de rugidos espumosos.

Yo era un hombre pequeño cuando me lancé al océano.
Me arrulló en su marea alucinada
transmutado en una inmensa mujer sin nombre
para luego arrojarme hacia la playa sucia
con la certidumbre de la muerte aullando al
                              [borde de la noche.

Yo era un hombre sin palabras cuando me
                              [acerqué al océano.
Tristeza sin fin para ciertas madres, alegría
                              [brutal para ciertos viejos,
y envidié los barcos que zarpaban hacia el golfo persa
tatuados en sus proas con nombres extranjeros.

Navíos que partían con su interior vociferante
                              [de podridos bodegones
al ritmo de tormentas,
al compás del puro vértigo
hacia la otra orilla de los nombres, desierto líquido
del que no cesan de sentenciar su sensación las cosas
al otro lado del lenguaje que practicaron los
                              [primeros hombres.
Tímidas eyaculaciones de fosforescencias.
Yo era una palabra sin rostro, apenas un aleteo de hombre,
cuando buceaba en ese mar oscuro
que era un canto palpitante al ritmo de redobles.

Yo era nadie, casi nada,
apenas dos sílabas en la esperanza de dos bocas,
apenas el grito en potencia expulsado de la lluvia
hacia la desnudez del aire poblado de criaturas transitorias.

## PUERTO 76

Soy el que cada día está zarpando
hacia la oscura certidumbre de su féretro.
Me abordo con un puñado de pronombres bajo
                              [la lluvia presurosa
que alegre nos persigue por sucias calles
                              [azotadas por el viento.
La ciudad sigue negándonos su abrazo:
        Purgatorios sin redención son sus fragmentos.
Agonizo en esquinas penumbrosas
donde pronuncio el solsticio de tus manos
hacia el equinoccio olvidado de tu cuerpo.

La muerte marca en las calles nuestros pasos
mientras transito entre sombras
asesinando peces globo en públicos espejos.

Pronto no quedará nada de nosotros
ni ceniza ni holocausto ni monedas
de verde jade en boca de nuestros muertos.
Los últimos barcos han zarpado.
Nadie lanza dados para invocar tu nombre
cuando la luna ladra contra el insomnio
                              [silencioso de los perros.

## HIDROMANTE

El agua me persigue fingiendo sus propias fugas
por vertientes o tuberías sordamente subterráneas.
Viene con fuerza de magneto hacia mi cuerpo
o me atrae hacia su lenguaje intraducible
susurrando la humedad de mi vida o de mi muerte
con un río de rumores en remolino
que transita atrozmente debajo de mi cama.
El agua lleva rastros de nuestros muertos:
voces de amigos perdidos
bajo la tiranía del crack en calles despiadadas,
risas de muchachas que no volvieron
a pronunciar tu nombre ni siquiera en sueños,
urnas de ceniza, destrozos de barcazas,
el ruido de tu bicicleta roja por el barrio del oprobio
o el rostro agonizante de una mujer anciana.
Tengo un pesar de hierro cada vez que el agua
                              [subterránea canta
como si fueran las venas de la noche esperando
                              [nuestros féretros.
Venas que bombean la sangre de la tierra
y lloran
como lloraría por treinta años
una mujer maldecida padeciendo de hemorragias.


En pesadillas presiento la impureza de mi propio cuerpo
preparándose a morir cuando la noche pasa.
Un hilo de sangre corre por mi nariz y me despierto
a medianoche
                    tanteando con mis manos la
                              [silueta de la lámpara.

Sé que soñé con un cántaro rompiéndose a los
                                    [pies de una mujer,
todavía puedo ver sus trémulos pies casi
                                    [danzando en sus sandalias.
Un cántaro de barro hecho añicos, incapaz de contener
la pura humildad del agua
que corre a los pies de una mujer
entre la amarga arena, entre la tinta amarga.

## MARINERO EN PIEDRA II

¿Y si la muerte ha sido el primer navegante?
¿Cuántos barcos zarparían en nombre de los árboles?
A mediodía, fulgor amarillo atravesado por
                              [pájaros tropicales,
un torrente de ataúdes abandona la funeraria,
cada uno despedido sin bandera,  sin torpes disparos,
cada uno lanzado por primera vez
al rumor de oscuras calles solitarias.
Si tuvieras la valentía de esos muertos,
de los primeros marinos que regresaron al seno
                              [de las aguas,
ya habrías partido de esta ciudad en zozobra,
te habrías marchado con la última marejada.
Nunca más volveremos a este barrio
ni andaremos bajo el sol contemplando a las muchachas.
¿Por qué las aguas habrían de salvarnos o devolvernos
a la tierra como nombres ausentes en los
                              [vitrales del recuerdo?
Tentadores mosaicos para el iconoclasta, tus
                              [memorias, tus palabras.
Un lago que no dice nada cuando dice algo.
Recorres ese puerto sin respuestas en noches
                              [interminables
donde Mana (agua)
empieza a dar a luz inolvidables cadáveres de fuego,
interminables tumbas ardiendo en persistentes llamaradas.
¿Cuándo partirás al ritmo de los remos?
¿Cuándo partirás al ruido de las aguas?
Aquí sólo te queda el tiempo del desprecio,
las piedras más porosas, la soledad descalza.
Tal vez al otro lado pronuncien otros nombres.
Tal vez al otro lado te espere la Palabra.

## PLAYA

Llego a la planicie escupida por la espuma.
Qué absurdas estas piedras que se deshacen en las manos,
bocas que se buscan y no se encuentran
o ecos en medio de la nada portadora de los años.
Hemos llegado tarde a los templos ruinosos.
Hemos llegado tarde para el pronombre *nosotros*.
¿Quién conoce esa lengua que pregunta
el origen del silencio calcinado?
Es una voz sin rostro llevada por el viento
que ahora danza en las dunas
                    trazando signos azarosos.
Sin otras manos que nos sostengan,
sin otro techo que nos cobije,
¿Qué historias cantaremos desnudos en la planicie?
Si pudiéramos nombrar las piedras antes de
                            [regresar al polvo.
Si pudiéramos nombrar el mar para sentirnos menos solos.
*Oú sont donc las gens de mon temps?*
Pantallas que parpadean ocultando oscuras cicatrices.
Monitores intermitentes, teclados que descifran
                         [vanas contraseñas.
Aquí no hay un lugar como decir un jardín con sus raíces.
Aquí no somos dueños de nada
              ni compartimos nada con los otros.
Al borde de la muerte o de la página
somos arena que engendra arena,
atronador estruendo de olas sin reposo.
No esperes el negro vino en sobremesa.
No esperes el blanco pan en carne tierna.
Nadie te invocó para revolcarte en la planicie.

No esperes a la joven de las castañas greñas.
¿La tierra extranjera tendrá sus nombres propios?
¡Oh árida llanura de silencios indecibles!
Blancura cegadora de misterios sinuosos.
He venido a hablar en nombre de las aguas.
¿No soy agua yo mismo hacia la mar fluyendo?
¿Cómo se llama el esplendor amarillo que feroz arde en tus
ojos?
Ahora que el viento sopla violentamente en la madera
descubro que somos el ruido que resuena a
                                        [orilla de los muertos:
arena que engendra arena
y rumor del mar entre fúnebres destrozos.

## TIERRA DE NADIE

Ya no me encuentro,
salvo como intruso,
entre tus aguas.

## LITURGIA DEL AGUA

No encontrarás un dios en ese pozo.
Ni a la mujer con el cántaro sucio,
ese rostro endurecido con la mirada
que atrapa en su reflejo la tardía sed del vagabundo.

Las plantas en la arena tienen garras.
Y el cangrejo siempre trae una corona.
¿Qué es ese manjar lleno de gusanos
en medio del ruido de una boda?
¿Quién viene del otro lado
contrario a la podredumbre conformista de las rosas?
Ningún lenguaje puede abordar su nombre.
Ningún sonido puede traducir su espectro.

El origen del desierto es una herida, árida
planicie edénica hasta las calles de tu barrio inhóspito.
¿Quiénes son esos árboles resecos
para cuidar de sus hermanos?
La piedra porosa se rompe entre indecisos dedos.
El agua es un espejismo roto entre barrancos.

Hazme nacer con la lluvia, lejos de los huesos parentales.
Ya no puedo reírme de esos vagos engendros
engañados para siempre por los labios de la carne.

Estamos desamparados ante la marejada
de arena, el viento destroza las naves de Tarsis.
Cuando la propia ropa tiene horror
de uno ¿Para qué afanarnos?

Fecunda la fuente. Pronúnciate Espíritu. Líbrame, furia.
Danzaremos contra natura con nuestros
                              [tambores podridos.
Lanzaremos contra las rocas
nuestro poderoso alarido.

Torrente resonante de una roca transparente,
*Asperges me!* Diremos adiós a las madres
de senos desnutridos. Hemos venido a
                              [desquiciar tu sombra.
Hemos venido a transgredir tus ídolos.

El adufe marca ahora nuestros pasos.
¿Quién circula por el fondo del abismo?
Hay  máscaras con nombres de personas.
La lengua lame el agua del lenguaje.
El agua origina un nuevo peregrino.

Vorágine de ruidos torrenciales, un enjambre
de avispas prepara sus aguijones agresivos.
¿La última corriente continuará bajo la tierra
sin derramarse al borde del canto clandestino?
Corriente errante hacia tórridas tierras,
me abrevo en tus aguas primigenias, sin testigos.
Hay una hoguera dentro de las voces incipientes,
el agua muestra un rostro
y no es el mío. Ahora podremos andar entre los hombres,
la cítara es un crimen de oscuro resplandor desconocido.

# II

# Adagio del polvo

"Somos de la tierra"
Tomas Tranströrmer

"¿Algún día podré perdonar a la tierra por
haberme paseado por ella como un intruso?"
Emil Cioran

## ECCE CORPUS

Mañana no hay nadie.
Tu cuerpo no permanece en los ruidos tras la puerta,
ni en la vieja cerradura que hiriera nuestras manos:
copas vacías de cualquier promesa.
Mañana no hay nadie.
Es ahora la hora de nuestra muerte,
tu cuerpo regresa apenas tatuado de signos solares,
al intensamente incesante momento de tu presencia:
cuerpo (vino y pan y ágape)
cuerpo desnudo entre ondulantes tumbos,
                              [frágil blancura intransitable,
desierto silencioso extendido en ondas de satinadas telas.

## POSADA

El vacío pidió posada en los rincones de tu boca,
y la niebla fue rodeando suavemente nuestras caras
sitiando techos y calles y templos
como el aliento de un animal enorme
invisible al borde de los relámpagos:
latigazos de luz que golpean la mañana
apenas extraviada en tenues lloviznas extranjeras.

Ahora no distingo nada,
solo tu voz entre los sauces,
solo tu sombra entre la niebla.
Es la hora de desnudarse ante los muertos.
Tiempo de nombrar las sombras en dialecto de tolvaneras.

El verde emigrará al amarillo y del amarillo al ocre
en las vencidas ramas de cipreses casi negros.
La mirada retorna a la infancia a pesar de los huesos
perforados por el viento sedicioso.
                              Y es la misma vejez
que sitiará tu cráneo palpitante, la urna ósea de tus versos,
y, cuando menos lo esperes, arrasará con tus promesas
como si fueran barcos incendiados
que se hunden ante la abrupta calamidad de ciertos puertos.

Es el momento que tanto temen tus ojos,
ese apagón repentino sobre extendidas llanuras de arena
que arden galopando, persistentes, tras nosotros.
Porque has fundado tu amor en la espuma,
en la palabra de un hombre cuya boca es un cementerio.

Ahora contemplas la aldea de los hombres,
comerciantes y agricultores y delincuentes
que transitan como tristes fantasmas sin derrotero.
Y cuando la alondra cante en el arado
abandonado entre la hierba muerta,
acogerás bajo tu sombra el cansancio de un hombre
que la oscura pesadez de la tierra ha convertido,
poco a poco, en esa lenta ráfaga de viento gimiente
que entra aullando por tu puerta y hace crujir
                                    [tus sórdidas ventanas;
transparencia en tránsito de hojas amarillas
que ahora incendia tus rincones,
tus recónditos agujeros negros,
con el mismo ánimo del fuego
que no apaga ya ningún ojo de agua
y recorre el bosque devorando cipreses y parajes resecos
y tumbas desamparadas, mientras susurra tu nombre
a los cuatro vórtices del cielo,
entre piedras que se deshacen en mis manos,
músculos de tierra y suavidad de epidermis que me alberga
como me albergará la humedad de las raíces
bajo la tierra de mis ancestros,
esos anónimos inmigrantes ahorcados.
Posada nocturna,
albergue de mis venas y mis dedos y mi lengua:
parcela de tierra caliente
que hospeda el frío portador de ciegos
pájaros eróticos.

## PROTOGRAFITI

La pared de la celda convertida en pantalla
-*lucis ad ludens*-
simula y
muestra una caravana furiosa
arremetiendo en el vientre de la caverna
-trepidantes recovecos al fondo-
Escenas de caza:
encarnizadas batallas entre mamíferos,
bípedos presurosos, contra bestias en estampida,
feroces hordas que arrasan sólidos postigos
hacia un ángulo de sombras entre el cristal de piedra
y calizas de vidrio con el rocío aprisionado
entre sus nítidas formas: El universo de la
[noche en una gota.

¿Qué es un bisonte contorsionándose a contra rostro,
soportando nevadas tormentas,
pronunciando su joroba
a través de salvajes praderas
sino bunker ocre, colina artiodáctila,
minotauro inocente, bestia sin rostro
apenas usurpando el mito de la página blanca?

Aquí los hombres eran los alfareros de su propia arcilla,
agua y tierra en la argamasa de la visión de caza,
pintura mágica
para repetir el rito de la muerte
del animal a mano de las macanas o las picas.
La pared trastocada en pradera canta sus búfalos tórridos
danza en ascenso,

estampida de barro,
caos terrenal al otro lado del témpano,
trazos que invocan la vida o la muerte
desde cuevas socavadas recovecos adentro:
¡Oh caverna, primera mujer,
serpiente de tinta, ávido tótem de cánticos ónticos!

## LA MANERA DE LAS RAÍCES

La manera en que las raíces rompen tuberías
                                        [en los suburbios
y amenazan el hogar del hombre
con poderosas garras subterráneas:
es la manera de mis cabellos y la manía de mis caninos
al morder la frágil piel de las manzanas.
La manera de caer las flores es el modo de con
                                        [vertirme en noche
y la furia de los laureles, indómito salvajismo,
es la palpitación de mis entrañas.

La manera en que el agua irrumpe en salones
                                        [de viejos edificios,
llevando en su rumor oscuro la glosolalia de
                                        [selvas inexploradas,
es la misma que en mi sangre congrega
los remolinos rugientes de las palabras.

La manera en que el caballo salvaje huye de los hombres
y de la aldea y de la manada: un bólido de músculos negros,
las crines encendidas en oscuras llamaradas,
                                        [sus golpes al aire
buscando huesos y vientres y rostros
con el nombre de lucifer persiguiendo su carne
                                        [recién nombrada
                ¿No es la forma en que me posee la furia
en tus ciudades tan maldecidas?
¿No es la manera de latir mi pecho en tus
                                [avenidas abandonadas?

La manera repentina en que el fuego aparece

en resecos llanos de rocosas montañas para
                              [proseguir celebrando,
obediente al viento, la ceremonia de estaciones
                                    [que incineran
campos de adormideras en el lomo azul de las jirafas
es la misma forma de mis pasiones:
su liturgia más incendiaria.

La manera en que el viento azota a la hierba en
                              [el cementerio,
la hierba que nació y creció entre ranuras de viejos andenes,
hierba venida para ser cortada
y viento indetenible contra la futilidad de los quehaceres,
es la manera en que mi carne transita:
latigazo fugaz en nombre de nuestra rabia,
una ráfaga unánime,
un silencio feroz a la hora de nuestra muerte.

## MIDNIGHT LIGHTNING

Primero era el relámpago hiriendo el rostro de la noche
y luego la soledad nocturna:
piedras desnudas custodiando caminos
y silencios ruidosos alternados con redobles.
La orfandad invitando a dormir sobre las tumbas
cada vez que las muchachas, olas desquiciadas,
 avanzaban con sus roces.

Primero era el temblor en el útero de la tierra,
el sismo de las hormonas,
y luego desnudos de mujeres contra una pared amarillenta:
obreras transitando hacia la nada bajo el
                                        [parpadeo de las lámparas:
relámpagos intermitentes mostrando sus tensos rostros
oscurecidos por el miedo
como un rufián oculto en la comisura de sus gastadas bocas.

En el principio era el silencio de la noche, y
                                        [luego vino la Palabra,
ese golpe de aire en la turbulencia inolvidable de los rostros.
El sonido creador que aprendí asaltando a los adultos,
en el saqueo auditivo de sus lenguas, pozos impotentes,
cavernas mentirosas,
muros ignorantes de sus propios petroglifos balbucientes.

Primero era el aliento tejiendo el aire
con los sonidos evocadores de tu rostro. Y luego
los registros del logos
trazados con la punta de mis dedos para invocarte,

agnus ígneo, lenguaje de signos en llamaradas,
desde la noche profunda de mi cuerpo:

Templo sin habitantes,
cúpula al final de un tránsito de túneles minoicos:
reseco cauce de lava hacia cuevas de silencios
convertidos en ventiscas de alaridos subterráneos
o un criadero de violines para la violencia de los
                                        [unicornios.

## DESCENSOR

Ahora es mi cuerpo desnudo transitando el
                              [color mate de la noche.
Abra los ojos o cierre los párpados la negrura no cambia
el ritmo descomunal de sus redobles,
la permanentemente cambiante intermitencia
                              [de sus tambores.
Vamos hacia la muerte por un pasillo de olvidos
                              [cotidianos.
Salimos de tu vientre para danzar en aldeas solitarias
y a tu vientrepétreo regresaremos,
oscuro sésamo de podredumbres violentamente celebradas.
Dicen que a las cinco de la tarde hemos
                              [transitado el útero materno
hacia la otra oscurana de los mismos redobles,
y es la misma hora en que resuenan los timbres
                              [en las fábricas
y se enciende la pesadumbre en los rostros de
                              [ciertos hombres.
Pero ahora el túnel bajo tierra muestra sus escaleras
como la médula en ruinas de religiones muertas
y liturgias clandestinas:
sahumerios aromando cabellos de mujeres
que danzan al ritmo de timbales y tambores.
Nadie me abraza bajo el muérdago. Una caverna
                              [no es ninguna casa.
¿Qué rostro he de traicionar con la lengua de las antorchas
bajo esta penumbra que desciende por el esófago
                              [de la noche?

¿Cuál es el nombre de la diosa?
Nadie responde en criaderos de cítaras destrozadas.
Y lo primero que viene es el sonido apagado que recorre,
sismo sorprendido de sí mismo, la epidermis
transgresora del abdomen,
la sangre que se agolpa en la incipiente dulzura de la ingle
y ruidos de animales que confunden la luz con la oscurana.
Descender *to caverns measurless to man*
y besar hendiduras de las rocas en busca de la fuente
¿Qué es más fácil, decir
                    *somos de la tierra*
          o proclamar
*este es tu cuerpo, mujer?*
Sarcófago tebano,húmeda caverna de salitre,
intensidad de la carne
que electrocuta neuronas
para escapar, entre sudarios lentos, hacia la
                              [noche de tu Pascua,
entre cenizas ancestrales que se esparcen susurrantes
desde el oscuro silencio
amanecido en los precipicios de tu boca.

## RITUAL BAJO LA TIERRA SIN NOMBRE

Después que el silencio cultivó sus higos
debajo de las olas de mi lengua,
espuma y sal en el ritmo de sus rabias,
y el drama familiar, sin pena ni gloria, pereció
                                    [en blanco y negro
como esos viejos films que nadie entiende:
olvidadas sombras para cazar fantasmas.

Después que el silencio, caverna sin bisontes,
cultivó en mis ojos sus viñedos
y paraliturgias incendiarias;
inmerso en ese túnel a petición de un viejo roble,
la boca reseca absolutamente despatriada,
mis ojos filmaron las pesadillas de los ciegos:
el tiempo era una tumba pintada en cada cara.
Después que el silencio prendió en llamas
el lomo gris de templos cuneiformes
y la blancura tersa de un abdomen volvió a ser
el centro del mundo para un par de labios
y una lengua
en ese asombro de nombrar, con rústicas
                                    [cuerdas divorciadas
de los tímpanos,
la avidez de tu cuerpo marcado por finas cicatrices,
he vuelto a nacer, rostro muerto sobre tu rostro vivo,
para decir tu nombre: abadapalabra.
El desierto es tu manera de arrodillar al hombre.
Ahora purifica con tu fuego
la avidez de mi lengua sedienta de tu vino.

## BAILE PARA INVOCAR LA LLUVIA

Danzando sin motivos en el charco de estériles nostalgias
empecé a afeminarme
como diría mi padre y el padre de su padre
hasta el asombro de los espejos en ruinas
donde se esculpen nítidas escenas del niño duro de matar
atento a la sintaxis de los insultos
o a la inútil pesantez de los nudillos.
Así descubrí, alejándose en los ojos de ese niño,
al hombre de los viernes asido a su sombra,
renuente a viles paraísos,
transitando desnudo, y sin adioses, por el ocre
                                        [yermo de los días
hacia lentas noches de silencios insectívoros.

# FLASH BACK

Cómo se agita tu silueta, esa sombra pendenciera,
ocultando el rostro en la barnizada cómoda del cuarto.
Otra vez estoy en mi adolescencia, en la tierra extraña
de los nombres calcinantes, de los destellos verbales,
de los rostros arrasados. Y temo, no tu cuerpo transitorio
desnudo y de perfil apenas insinuando su pelambre,
sino tu sombra recelosa oculta en el barniz
asumiendo anonimatos sin duda amenazantes.
Aquí tengo todo lo que necesito para volverme loco:
la cédula de intruso para atravesar, sin apegos,
la hostilidad de las ciudades;
el gesto del excomulgado ante las banderas cadavéricas;
las volutas saliendo de la pipa
imitando una serpiente de humo incesante;
la visión de tu cuerpo revistiéndose a dos manos
en el cálido desgano de la tarde, y tu sombra
                              [atrapada en el barniz
mirándome sin rostro
esperando a que salgamos, huérfanos iracundos,
para lanzarse sobre mí y perseguirme por pasillos
                              [desastrosos
de una memoria que se hunde, ciudad en escombros
sepultada bajo el sopor de otras postreras ciudades,
hacia el sediento país del no retorno
en que se fueron convirtiendo tus abrazos.

# MINIMAL

El cuadro negro se muestra en el muro blanco de la sala.
Puede ser un fragmento de cielo nublado a medianoche
o el fondo de una tumba vacía esperando
                              en el traspatio de tu casa.
El cuadro negro no dice nada
o lo dice todo minimizando límites de la mente humana.
Podría ser un primer plano del traje negro
-visto de espaldas-
del sicario que se aleja silbando tras los disparos
en un callejón de Tijuana.
O tal vez sea la tersura de las soledades de Góngora
-negras imágenes sobre tormentosas estancias-
o la sensación que invade nuestra vista
al levantarnos bruscamente entre los edredones
                              [muertos de la cama.
El cuadro negro no lo creas con tus ojos
ni lo forjas a tientas con tus manos
ni lo recreas balbuciendo con palabras.
Es el vacío en el centro del poema
-el cuadro negro en el centro de la sala-
quien crea tus neuronas y tus árboles verbales
y el ritmo electrizante de tus sombras;
es el poema quien traza las cicatrices en tu cara.
Oscuro simulacro de nuestra derrota:
Ningún poema puede redimirnos
del goce de nuestras culpas o resucitar al tercer día
el placer perdido en nuestra carne desintegrada
cuando nuestras células
                    -en el centro del cuadro negro-
hayan traspasado el fuego en frío de otra atmósfera

hacia el silencio donde toda luz se detiene
-arrepentida de sí misma-
y sólo el frío dictamina terminales de túneles
para trenes fantasmas que regresan solitarios
a su origen de ruta: vagones donde sólo el vagabundo
encontró al azar su propia casa
en medio de la noche cansada de preguntas.

## CALIPSO

Invoco tus labios sellados donde sepultaron al mundo.
Tu boca, caverna sagrada.
Tu lengua, antiguo sepulcro.
Estibadores  de la noche consultaron el cerco
                              [celebrado de tus dientes
para proceder contra el insomnio de furibundos
                              [corceles maldecidos.


Mientras el barrio duerme al ritmo de animales invisibles
que orquestan el epitalamio salvaje de los búhos,
atravieso las calles
murmurando tu nombre en dialecto cálico
merodeando tu sombra en argot fenicio.
Pero tu rostro escapa entre gemidos mágicos,
                              [feroz estampida
de trompetas, hacia la sombra inmóvil que
                              [enciende en azul lo negro,
llamarada de petróleo que pronuncia mi sobrenombre
desollando levemente mi pellejo:
quemadura de mis labios, súbito resplandor al
                              [borde de las cosas,
lámpara en el túnel de los ojos ciegos. Calipso, Calipso,
hay un ruido de ratas
merodeando tus discursos tus camastros tus
                              [libros tus hechizos.


Te adelantas al amanecer,
sagaz centinela de cánticos oscuros,
llamarada erguida que me nombra
degollando cuellos de gallos taciturnos,

y vuelves a ser el orgasmo furioso al fondo de la caverna
cuando las olas atentan contra el hermetismo

[de nuestras caras
y tu voz me sostiene, cautivo de cualquier naufragio,
con el cuerpo sepultado entre tus piernas
y los sonidos animosos de las rocas
que deletrean en griego el otro nombre de la nada.

## TRÁNSITO SIN FUEGO

Atravieso la calle aprisionada en las sombras.
Mi propia sombra una piedra rodante que deambula
como el fantasma obstinado de algún idioma proscrito.
Atravieso la calle más peligrosa  del barrio con
                                        [puños cerrados,
cuando un zanate grazna desde rincones oscuros
y el fuego es una leyenda aborigen en interiores
                                        [largamente abolidos.
He pasado
días sin hablar con nadie, noches sin pronunciar las cosas,
mientras manicomios del Greco
se apoderaban de las costumbres del domingo.

La sombra de un muro abandonado muestra en
                                        [su vientre mate
media docena de jonkis casi noqueados
                                        [esnifando pedruscos
o pregonando lentamente la potestad del suicidio.
Cualquiera podría ser mi hermano menor
o mi otro yo evocando a Michaux en argot argelino.
Alguien me pide fuego
y le muestro la pluma del buitre sembrada en mi hígado.
No recurro a la ironía ni al espacio en la libreta
para quejarme de nada
o suplicar compasión para conmigo mismo.
Sé que yo también crucé la frontera de los horarios voraces
y hace millones de células que sepulté
cualquier lamento por los jardines perdidos.
No digo otra cosa que las calles omnívoras
o al adolescente que fui apuntando su pistola

en medio de mis ojos
con su rencor repentino.
Pero no canto ¡Oh bruja incinerada! Transcribo
                              [sombras coléricas
en paredes transitadas por súbitas salamandras,
cazadoras nocturnas de lenguajes inauditos.
Diminutas tarántulas asalta sintaxis trepanan mi esófago
mientras la muerte entretiene sus pezones morados
imitando a los gatos en cuartuchos prohibidos.

Atravieso la calle con mi sombra a contraluz
amarrada a mis huesos como un perro violento
que olfatea a la muerte entre multitudes con frío.
Esta ciudad ni siquiera da ganas de gritar
contra sus paredes hediondas.
La ira no da para más, y nadie entona trenos
por ningún barco hundido.
¿Dónde está el album de familia
o la fe de bautismo o la estúpida cédula?
Ya no veo quién soy, tan solo mi sombra
que celebra, con sílabas ígneas, la explosión de su esperma:
deletreos celentéreos en la piel de la noche,
garabatos cuneiformes en el rostro de un ídolo.
Ya no quedan nombres ni fechas
ni andenes ni puertas donde refugiarse:
la palabra hogar se transmutó en hoguera.
Las calles son un safari para quien soñó con El Harrar.
*"Has separado de mí amigos y compañeros,*
*mi compañía son las tinieblas"*
Atravieso la calle liberado a mi muerte.
Nadie diga que no crucé la frontera.

## DÍA 50

Alguien vino a celebrar el cumpleaños de tu lengua,
el aniversario que inventamos entre los muros de Babilonia
y las maldiciones de Noé al despertar de su resaca.
Dicen que la arena llevada por el viento
es el inmune destino de tu estirpe,
y las polvaredas de las tribus nómadas tu verdadera casa,
esa orquídea devorada por incendios adolescentes
en los sueños de tu vírgenes.

Habría que cabalgar la ruta alucinada del insomnio
o asomarse al abismo que hipnotiza a la gente triste
para descifrar el ocaso que persigue a tus escribas,
esos que pronuncian maldiciones contra templos salitrosos
entre el mar escupe muertos
                    y la tierra de nuestra muerte firme.
Un pájaro oscuro, espasmo de semen salido de la noche,
simboliza la oscuridad de la jornada
                    posado sobre los atrios
que ahora desamparan a las viudas y a los huérfanos
bajo una lluvia invocada por vocablos aborígenes.
Aquí me entero del sabor de mi ceniza,
del polvo que será mi lengua ávida de otros frutos:
cerezas y pezones y palabras
que apenas si se acercan a los esplendores de tu rostro.
Otros te conocieron en la blancura del búfalo
o en la sombra del cirio
que se apaga entre presencias
invocadas por malos hábitos nocturnos.

Yo te aprendí en la frescura de unos muslos
                    [firmes y morenos:

Peplos apenas palpados entre paredes de sombras cómplices
o en la presencia ausente de persistentes fantasmas.
Y aunque mi lengua ignora las sílabas de tu nombre
no te irás sin bendecirme ahora que la noche punitiva
desnuda nos ofrece las delicias de su espalda
en un lecho entretejido por húmedas raíces
que simulan un arrullo de placentas, de vientres aéreos
quemándose lentamente desde el húmedo sopor
[de las barracas.

## CAVERNAS

Hemos aprendido la certidumbre de las tumbas:
el docto estilo con que enseñan los difuntos.
Esa tendencia fúnebre de algunos vientres
que simulan curvas de criptas incas para expresar
el evidente malestar del cosmos.
Déjanos danzar ahora sobre tus llovidos pedernales
cuando tu sereno fantasma de *La Llorona* canta,
                                    [pleno de bilis negra,
a los trigos espigados bajo cielos tormentosos.
Vemos cerezas, heridas fragantes, que fueron ávidas bocas.
Vemos orquídeas, sexos palpitantes, que fueron vientres
o fueron intensos rostros.
Las buganvilias, antiguas cabelleras, prosiguen sus enredos
de incendiados lilas
por paredes donde el musgo vocifera obscenamente
                                    [sus tapices:
desnudos de Pompeya
ante retinas adolescentes o fiebres tropicales
de placeres psicotrópicos.
Alguien entra en la caverna que habitamos
y silenciosamente nos deshabita de nosotros mismos
para mostrarnos la fanfarria lujuriosa de los
                            [toros. Estamos en Altamira
y otra vez se contorsionan bisontes en pigmentos
                            [ocres negros rojos
ante la mano trémula que persigue fijar sus embestidas
en paredes húmedas sitiadas por conjuros ominosos.

Hemos visto el triángulo invertido con su línea
atravesando la penumbra
como un surco que esperase las semillas
arrancadas al vientre de los frutos.

Timbales traducen frases misteriosas de los árboles.
Las piedras se convierten
en músicos de cánticos órficos.
Llamamos a nuestra madre: Desierto de nieve.
Somos cantores intrusos en sus poblados solos.

## EREMUS

Si este poema fuera mi celda de penitencia
donde el ayuno pronunciase más destructoras las palabras,
eremitorio picapedrero o dolmen del mismo insomnio
que celebra liturgias de fuego
en las planicies blanquecinas de los ojos,
los ojos del amor a la hora del destiempo y del no-yo
que a veces culmina en la hoguera del nosotros,
se colmaría de silencio cada letra
para entretejer tu nombre
indescifrable con el aliento de la tierra calcinada.

Si este bloque fuera mi búnker ante el asalto
de tentaciones sostenidas a pan y agua y hierbas amargas,
murales donde pasean desnudos los Padres del desierto
como espectros azotados por la arena del pasado:
ancianos rememorando a jóvenes descalzas
que alegremente trituran uvas
en medio del otoño revestido de castaño.

Si fueran mi búnker, estos bloques mal armados,
otras cabelleras me cantarían sus canciones espontáneas
en bosques indomables congregados por la
                                    [recurrencia de los sueños
durante noches redundantes en que las madres
celebran el solsticio de verano.

Si estos ladrillos carcomidos por la lluvia,
si estas piedras escupidas por el viento
fueran la celda con mi desnudez a cuestas,
y se pudiera ver la llama que consume
las áridas quemaduras de mi lengua

con las veintisiete letras del alfabeto,
otros pájaros nos cantarían de memoria
como una blasfemia erguida contra el cementerio.

Y no estarías al borde de las sombras
esperando estertores proferidos en tu nombre
ni serías visible en esa niebla que pone tristes a los niños
y es el perro sin pupilas que anuncia tu llegada
con la humedad de los difuntos perdidos en los mares
y que escribe tu nombre impronunciable en
                                        [todas las ventanas
en un idioma solo conocido por el viento.

Pero ahora la celda es una curvatura que simula
                              [el vientre de la tierra,
donde el polvo de los huesos ensaya su temida contradanza:
el regreso al aliento súbito de las refrigeradoras
antes de ver, por última vez, el patio de los orígenes:
predios donde un niño era el mago de las sílabas ardientes,
donde las cabras del abuelo eran nuestras bicicletas oxidadas
y las palabras eran piedras ígneas para escribir
                                        [el signo de piscis
en la piel analfabeta de árboles sin hojas.
Ahora la celda despide un olor a tierra fresca.
Ningún temblor quedará después de las palabras.
Ningún rumor quedará después de las raíces.

## CONTRADANZA

Invoco melodías de Morrisey a mi celda
y empiezo a danzar con mi sombra.
Un cáliz dorado, vacío de sangre, exiliado del vino,
recibe lluvias de pelusa mientras espera
                              [palabras consagratorias
que lo regresen a los sagrarios del aire con ese
                                        [fulgor de fuego
que posee a los cuerpos en epitalamios egipcios.
¿Dónde encontrar las sílabas que incendien las calles
contra los golpes de tierra que asedian el féretro?
*I wonder to myself.*

Desconozco las palabras pronunciadas
para evocar el otro lado de las cosas.
Esa lengua de piratas que construye puentes
donde Albión era el nombre andrógino
de la blancura mutante de la diosa.
Suenan sintetizadores estetizantes.
Hay golpes de tierra esperando tu cuerpo.
Hay golpes de pala acosando tus tímpanos.
En medio de la celda con única ventana
el viento intruso me presta, armadura
                              [transparente, su vestido.
Este es el ritual de mis ancestros
para que el hombre despierte con la mirada del niño.
En este instante ya soy lo que no soy
lo que nunca seré y nunca he sido:
lengua en llamaradas,
cáliz colmado de sangre, danza feroz del gran espíritu.
La tierra era un mar de árboles:
una fiesta de signos trazados en las rocas.

La canción de Morrisey ha muerto
entre súbitos esplendores amarillos
como una eternidad que no retorna.
Y mi celda navega hacia la noche
mientras danzo desnudo con mi sombra.

## MEDITATIO MORTIS

I
Un intenso atardecer nos advierte
con sol agonizante (en gualda)
gritando detrás de las montañas.

II
Todavía puedo equivocarme.
Podría ser sólo la aurora
renaciendo en otras aldeas ignoradas.

## SUEÑO CON ESPEJO

*El espejo que soy me deshabita*
Octavio Paz

A veces un bárbaro asalta el espejo con ademán
                                [de pocos amigos:
Vitral de perfil canallesco en la penumbra.
No hay tatuajes en el rostro.
Pero algunas zonas del cráneo (a rape)
reciben una caída de greñas húmedas,
algas encurtidas en petróleo
chorreando por las trenzas su lento caudal de
                                [violento tenebrismo.
El torso va sin camisa.
Los ojos, faros del menosprecio, contemplan
                                [desde otro tiempo
nuestro puesto deleznable en esas falaces oficinas,
                [templos del tedio sin ningún domingo.
Hace tiempo que el espejo no era asaltado por
                                [ningún adolescente
con serias pretensiones hititas o lengua con
                                [sabor a hierro subversivo.
El espejo es agua turbulenta, una amenaza de vidrio
temblando con su feroz perfil de sonrisa despectiva.
Decido retirarme de su presencia
y antes de despertar permito que me mire por
                                [última vez, el otro,
(el que fui cuando la furia sembraba sus raíces
                                [en mi columna)
con la misma rabia de quién va a morir cubierto
                                [de sangre enemiga,

rostro que jamás pidió ninguna disculpa,
soy esa mirada en que miro que me miran,
desde la misma palabra que nos pronuncia persistente
cuando la tierra nos devuelve, madre lapidaria,
                              [lo que fuimos:
sembradores de la dureza afilada de las piedras
o bárbaros que esperaron en la sombra
para saltar, blasfemia en mano, sobre los hijos del dios
desamparado
con la alegría del desprecio
              en nuestros rituales clandestinos.

## LA MANERA DEL CEMENTO

La manera del cemento para prolongar nuestra nada
en medio de la tierra de la primera caída,
es la manera de portar nuestras máscaras
ante la oscura desnudez de los suicidas.
Una ciudad donde conocemos y no somos
más que un puñado de calcio y fósforo,
pasajeros irrepetibles en el círculo de ceniza.
A un lado el abismo que llama al abismo,
al otro lado el pronombre en primera persona
convertido en lenguaje desconocido.

El golpe del hacha contra las raíces,
la dureza del agua en la piedra caliza,
un cementerio volcánico en Santorini,
el dios fraudulento de la roñosa arcilla,
-Naj Hamadi de jarrones imposibles-
la caída del cuerpo, la confusión de la mente,
el descenso al infierno
de los niños imberbes, me recordaron
el vacío sensible,
la distancia de los monumentos fechados,
el pesar de mausoleos aburridos,
la frialdad cómplice de silvestres jardines.
Somos esa chispa
que quiere ver arder al mundo, Iskra,
polvo de luciérnagas fogosas
estrelladas para siempre contra el muro.
Orino los monumentos, escupo en los jardines,
ciego ante el fuego que fragua
el interior intenso del vocerío nocturno.

Lenguaje,
urna solitaria de poderosos murmullos.

La manera de la piedra en manos de los hombres,
la manera del cemento para petrificar sollozos,
es la estafa con la que el único verso urde
la trama de sus temores
en nuestros rostros recelosos.

## DIS MANIBUS

Paso frente al cementerio
que fue la verdadera escuela de mi infancia,
donde naufragaron lotófagos lectores de Homero
entre piernas de obreras y fumaderos de marihuana.
Aquí descubrí mis primeros muertos:
cuerpos sin nombre que naufragaban al sol
dormidos en soledad comunitaria
o tardíos féretros anónimos entre multitudes en abandono,
familias envueltas en sombras
bajo negruzcos cipreses indolentes a sus lágrimas.

Ahora JB sale a mi encuentro. Quiere hablar de The Beatles,
del Roubber Soul, de budismo zen, y me
                                        [pregunta por muchachas
cuyos rostros ya no recuerdo,
cuyos nombres suenan al viento
que se revuelca en la arena de las playas
formando furiosos torbellinos con la basura del verano.

La sombra de JB me mira expectante.
Tiene diez años menos que la ruindad infecunda
de mis huesos actuales. Prácticamente era casi un niño
cuando lo asesinaron en la guerra, a traición,
sus compañeros de base.
Yo le hablo de Roque Dalton, pero no me hace caso.
Ni después de muerto pudo practicar el rencor
que quisieron enseñarle tanto La Contra
como sus compañeros revolucionarios.
Me pregunta si tengo hijos, si aún amo los
                                        [comics más que los libros.

Pero no respondo.
Sé que lo único que quiere saber es si valió la pena
morir por ese niño que ahora dobla la edad de
                              [su rostro detenido
en las últimas fotografías que le tomaron:
imágenes estériles que palidecen
dentro de tristes retratos familiares
donde el polvo incólume levanta sus monumentos
                                          [al fracaso.
Y no le respondo más que un verso que él solía pronunciar
en ciertas noches para espantar la muerte entre
                                    [los suampos:
*Wish you were here*
y estrecho su mano de aire,
compañero,
mientras en la iglesia invisible suenan las campanas
y su risa de santo sin Dios
abandona mi sombra a lo largo de las calles,
una brisa eléctrica
jamás humillada por el tiempo de los simios,
sino piedra de sal, presente ausencia,
persistente cloruro de sodio al margen de todos
                                    [mis caminos.

## OLD MEMORY

Luz blanca en paredes asépticas
derramada sobre aparatos de gimnasia:
potro
      canoa
          yugo
             barras transversas
donde escuálidos niños sometidos a terapia
ensayan sus primeros pasos titubeando con renuencia.
La mujer sin brazo, colgante la manga larga,
(brazo fantasma perdido en emboscada)
aislado perfil a contraluz, gélido en su propia turbulencia.
El niño de botines ortopédicos
-metales enrejados aprisionándole las piernas-
o la niña de piernas desnutridas
-óxido cancerígeno carcomiendo su silla de ruedas-
palidecen viendo la seriedad absurda de las madres
ante la prisa de enfermeras que transitan por
                    [higiénicos pasillos.
Batas y lámparas y blancas paredes
en Hospital Psiquiátrico
          Km 5.
*Encefalogramas pacientes internos cocktail de tegretol*
Novedosas palabras enfermas definiendo mi
               [*Descensus ad inferos:*
Mi infancia marcando en rojo sangre, destreza
               [asistida por la ira,
círculos de fuego, lenguas incandescentes,
               [signos enardecidos
contra la blancura de la muerte.

## CÍRCULO ROJO EN DESCENSO

Entramos en la noche pensando en las mujeres.
¿Dónde estarán esas manos que hurgaban la
                                        [maraña del cabello
y eran la caricia constante que palpita en
                                        [estatuillas del neolítico
o la voz andrógina que de niños nos buscaba persistente
por los andenes de aquel barrio
detenido para siempre en alguna circunvalación
                                        [del hipotálamo?

Aquí, después de muertos, la tierra tiene el color
                                        [de las paredes
y  las casas de lodo simulan la curvatura de los cielos
para recordar el paso del tiempo indetenible
como un río de rumores hacia el abandono.

Nos despierta un sol que nunca veremos
mientras las mujeres casi desnudas muelen piedras ocres
con otras piedras sobre pétreos yunques
y untan sus cabellos y sus esbeltos cuerpos
con ese ungüento rojo
para transitar indemnes por calcinantes páramos.

Hay un olor ácido, a hembra deambulando por la noche;
Un aroma a tierra húmeda, a cántaros rotos,
a cereales con leche desparramados en desorden.
Los collares de cuero, cuero arrancado del ganado,

para adornar tobillos y cuellos y muñecas
también se tiñen de ocre como sus intensos cuerpos
habituados al desierto
y al carácter pétreo de los ríos desahuciados.

Hemos penetrado en su tiempo sin tiempo de
                                    [pedregosos abandonos.
Hemos entrado en sus aldeas insomnes de
                                    [búfalos sonámbulos.
Lo oscuro no es tan oscuro cuando los crucigramas
                                    [de la noche
aparecen cifrados en sus párpados.
Trémulos oráculos carnosos, cántaros de cinturas
                                    [insurgentes,
las mujeres himba dormidas en medio de la nada
traducen en sus cuerpos el fulgor del único presente:
tiempo sin nombres y sin rostros, oscura caverna en llamas,
adánicas cadenas de plurales que enlazan a pronombres,
caderas y abdomen y mamalias,
mientras entramos en la noche
bajo el seno de la tierra
con deseo de sembrarnos en sus huesos
que son piedras que son vientres que son aguas.

## CEMENTERIOS

Algunos cementerios son teatros para niños:
bóvedas donde Otelo recibió la lengua de algún Yago
y decidió borrar las iniciales que con tanto ardor
le grabaron a fuego lento en los nudillos.
Lápidas para hacer clavados en el polvo
y cruces desvencijadas donde guardar
                 por mera costumbre el equilibrio.
Luego devienen, con la edad, en fumaderos necrológicos,
y se habla de los Manes y de Hécate
con la presteza de quien habla
de cantantes o parientes, rostros
horadados por la súbita presencia de lo insólito.
Las funerarias son tiendas de canoas
con orfebres taciturnos, maestros del silencio,
imaginando cofres que se han de podrir
                 bajo la tierra
junto al lento deshacerse de los huesos
junto al repentino partirse de los rostros.

Hemos muerto tantas veces sobre las tumbas
de los otros: jugando a la guerra o al lenguaje del orgasmo
que nuestras voces apenas deletrean el ritmo de la lluvia
o el difícil nombre de los pájaros
que sobrevuelan nuestras cabezas
con giros tristemente celebratorios
vigilando nuestras sombras expurgadas
de sus nombres olvidados
por un descuido de humedad
que germina feroz en la penumbra.

## AUTORETRATO EN BLANCO

Nada que esperar
ante el espejo merodeado
cuando lo más narcisista de la muerte
ha venido a ser la máscara de yeso,
el decir crédulo de los pómulos
ilusos de querer ser recordados.
*El animal ha muerto o casi ha muerto*
mientras la muerte introduce en los selfies
su agujero propicio para oscuros jardines de geranios.

Mejor el espacio en blanco,
Blanco que Blanchot soñaba
como la sombra de un sabueso tras sus pasos:
lenguaje de la nieve evolucionando en nuestros huesos
blancos
            hasta el amarillo de los dientes.
En vez de convertirme en el mendicante
que debí ser
ahora me disfrazo de goliardo
*monus inmundus et girovagus*
y desciendo a los bajos fondos
de ciertas tabernas del siglo XVII:
De las lenguas de curas oscuros,
de sus plumas de grajo en desgracia,
sacudiendo mentes y templos y puertas

a su blancura retorna la Palabra.
Sudario y sepultura. No momia embalsamada
esperando la balanza del juicio del suicida.
No el alarde de los muertos
con su libro tibetano de mándalas amarillas.
Ni monumentos al viento
ni lápidas con públicas biografías
ni ánforas con flores de plástico
marchitas
sobre míseros túmulos recorridos por la lluvia.
Sino la Palabra preñada de la nada
de donde proviene, júbilo de esperma, la danza de la vida.
Desciendo al bajo fondo de la página:
máscara de papel o piedra frágil de sinuosas líneas
donde encuentro en mi última jornada
la cerrazón del ser, la sinrazón del no ser:
blancura ocre simulando sus bisontes,
incorporada nada en la piedra conmovida.

## INTRATERRESTRE

No he venido a la caverna
para celebrar los huesos de la madre
o renegar del polvo originario de mis ojos
mientras entono himnos por los muertos
en sucias avenidas de nombres despreciables.

He venido a lanzar la primera piedra
contra la guarida abandonada de los Topos
donde banderas derrotadas
gimen, verdaderos trapos sucios, sobre el
                              [silencio de los cadáveres.

No he venido a pronunciar tu nombre,
ciudad de los perros,
polis pulpo de calles indomables
donde aprendimos a no creer en nada
bajo la sombra en escombros de malversados nahuales.

He venido, sombra entre las sombras,
a escarbar furioso entre tus máscaras
y túmulos anónimos de oscuras bocacalles
                    la pesadilla del calendario
para re-trazar nuestro rostro
sumido en tinieblas inenarrables.

Somos los mellizos (yo y el otro ) Cástor y Pólux,
el maestro y el brujito;
el púber casto y el de las poluciones diurnas en
                              [tus espacios públicos,
gemelos cínicos.

Venimos del juego de pelota con pantalones rotos,
antihéroes hastiados, príncipes sucios,
mientras tus muchachas evitan en nuestras miradas
la presencia real de la derrota
o el incendio veloz de los navíos.
Protegen, tierra, a tus hijos. Los ídolos del futuro.
El ídolo del futuro.
La idolatría del futuro.
Un escupitajo en la palma de la mano
celebra la semilla de los jícaros.
Simiente caliente.
                        Y cuentos de aparecidos.
El cementerio era un jardín de huesos errabundos.

Ahora nadie canta en las cavernas.
Sólo hay ecos de pasos:
voces de animales, soledades de niños.
El ningunaparte donde (descanse Octavio en su apellido)
*"Sólo el presente es real"*
Simiente candente del instante
que se hunde hacia un pasado sin futuro.
La historia de nunca acabar.
Incómodo silencio del sepulcro.
En tus calles el polvo forma rostros
de hombres llevados por el torbellino:
Pueblo de polvo en la tolvanera de los insultos.
Circo de piedra en el vértigo del precipicio.
Y tu cuerpo aparece al dispersarse de los rostros.
Anankaya, animala del mundo.
Creces en mis huesos, te miras en mis ojos.
La embocadura de la noche desciende por tus
                        [senos perentorios.

Transitan lúdicos delfines en tu entrepierna
hacia un océano de soles dadivosos.
No eras la ciudad
ni el bosque incendiado salido de las lindes
ni los arrecifes de cardúmenes prehistóricos.
Eres el pan moreno sobre la mesa rústica.
La nada del todo.
El todo de la nada.
Anima mundi.
Eres el cuerpo nocturno que sueña con
                              [cementerios de ballenas
y danza en el vacío violento de perentorios territorios.
Después de muerto sigo transitando por tu abdomen:
Que mis células sigan danzando entre tus hojas secas
cuando otros niños recuperen,
furibundos creyentes de fogosas lenguas,
el ruido irrenunciable de tu nombre
entre el humo pertinaz de los escombros.

## ASALTO

Yo tampoco sé nada de matrimonios
o de oscuras profecías.
Nadie me habló, al fondo del pozo,
de la mujer y la serpiente, de la promesa
urgente después de la caída.

Ahora paseo por el jardín de antes
al borde de la aurora.
Las gencianas comercian con el pico
aguja de colibríes de alas
invisibles ¿Significando muerte?
Las primorosas, blancas o liliáceas,
cambian de nombre en otras bocas.
Y las acacias fecundan raíces
bajo la tierra nunca prometida.
*Significando muerte.*
He descubierto que este jardín
detesta el ruido palabrero de mi sombra,
sólo desea para su hierba el amarillo apacible
de una luz más silenciosa, presencia del sol oscuro,
gardenia de las sombras.

He procurado una plegaria mental
por esa polinización que sólo puedo
suponer, cuando medito en el movimiento
atento de las bestias diminutas
sobre la apertura nupcial de las corolas.

Sólo vine por siete días.
¿A qué Cristo negro se lo debo agradecer?
Hay una máscara celebratoria

de los duelos
en cada rostro de las personas.

Sé que es del otro lado
que mi propio rostro debería aparecer
en algún momento culminante
reconciliado con la arcilla roja.
Me asaltan cipreses junto al lago.
El fuego en la camisa debe arder del frío.

He aprendido que la tierra
siempre tuvo nombre de mujer,
prímula o rosa del estío, que la serpiente
siempre muerde el polvo de su cola,
y que sólo en el desierto, extranjero sin residencia,
verbo en el exilio,
puedo reconocer mis pasos
borrados en la arena por el ruido de mi sombra
errante entre los días carentes de sentido.

## LIRAE

Al pintar blanca malla
de otra broncínea improbable pira,
recuerdo de esa Acaya
la palabra que expira,
ola que vuelve a la hora de la lira.

Trepidando las luces
azoradas del veloz artefacto,
en él todos los buses,
con el rugido exacto,
dan rostros lentos de mirar sin acto.

Pues si de tantas vueltas
el corro de hojas en mortal crujido,
o de las nubes sueltas
suena el rudo sonido
que glorifica el polvo del olvido.

Lira será, cerrada
a las ánforas de aqueas libaciones,
por la marmórea nada
que puede con canciones
despertar rocas y dormir los leones.

O en el campo solar
donde se mece el ebrio jardinillo
ponerlo todo a volar
en mudo pajarillo:
el orbe ya como un petiamarillo.

Donde oro se procura
ahí el recio fuego sí se asoma;
pétalos de locura,
aleteos de paloma,
¡Todo lo da la milpa de la loma!

Ahí la senda sigo
bajo la carroza de bullir lento.
Entre el danzar del trigo
cualquier furioso intento
realiza su vino y su pan contento.

Artemisa desnuda,
tras verde cortinaje descubierta,
con la melena ruda
virgen púber despierta,
al arco y las moradas uvas cierta.

Nunca su esplendor digo
o de sus piernas la suave juntura
con el bronceado ombligo
y el rostro de escultura
que gime sacudiendo la cintura.

Sola, duerme en la cuna
del bosque custodiado por sus hierros:
destrozos de la luna,
colmillos de sus perros,
collares óseos ¡Nuestros destierros!

A ritmo que electriza
siempre nos devuelven los avatares,
entre selva y  brisa,
cementerios lunares
donde están los palacios circulares.

Allí blancas doncellas
quedaron heliantemos por instinto.
Allí palabras bellas
(caparazón distinto)
liras fueron de este laberinto.

El mármol va despacio
entre verde sangre y azules astrales;
son metros del palacio,
alaridos bestiales,
prolongados por vírgenes corales.

Mesura de hemisferio,
Atenas se demora en su trajín local.
Ya lejano el Misterio
en aquel bloque de cal
¡Regrésame el primer nombre umbilical!

¡Roca del Pelión,
Guerrera cúspide amarilla, Salve!
Padre Deucalión
cifra otra vez la clave
en esas sendas lanzaré la nave.

Ahí Argos despierte
ante el cerrado párpado vecino.
La diminuta muerte,
burlada por el trino,
en nuestra búsqueda del vellocino.

Con la feroz espada
Cronos hace todo gozo silente;
hace mi sombra helada
un gris bosque gimiente
que se goza en el ruido combatiente.

Pentagrama disfruto
de la espiral música que no pido.
Del ungido minuto,
de este minuto ungido,
me queda el pentagrama detenido.

Auriga delirante
conduce por olímpica vereda;
es el eterno instante,
repetida humareda,
blanca roca en violenta sangre queda.

Late aún corazón
y si es solar cada fuerte latido,
por la rotación,
el silencio vestido
nos será en polvo bien merecido.

Mural de mansión
donde suelen agitarse los linos.
Coral de canción,
crátera con sus trinos:
dédalos en la mansión de Minos.

Ante el bloque expectante
con el cincel que calla lo que puedo,
de ático pensante,
joven solo, aquí quedo.
Pentélicas ruinas en que me hospedo.

Cuando vuelva ese fuego
todo a la llama que nos incendia el agua.
Llama seré yo luego,
lengua en la ígnea fragua,
sombra, simulacro de hombre en Managua.

Viendo pasar la ruta
o meditando bajo la linterna,
pienso que la cicuta,
nos libra de la caverna
del tiempo, y empieza la vida eterna.

De allá vienen las notas
con que levanto lento la muralla.
Con estas grebas rotas
lanzo el plectro que estalla
como las olas solas en la Acaya.

# III

# Discontinuidad del tránsito

"No morderé otra boca que la boca del fuego"
Gonzalo Rojas, "Monólogo del fanático"

## ANAMNESIS DEL FUEGO

Cuando el fuego ahí, sobre tu piel,
propagó los mapas del placer vedado,
tatuajes invisibles,
criptogramas para el gemido y el ja-
                    deo
aparecieron como la sombra que se hospeda
en el rostro arrepentido de los muertos.
Tenías el silencio apretado entre los párpados.
Las visiones que eran solo para vos
mientras pasaba el ajetreo de los dedos,
la posesión del vértigo
a la orilla del barranco.
Luego vino la luz, la maleza,el repentino desaliento.
Los ojos sin asombro,
el regreso al adiós irremediable
y la mitología consecuente del desprecio.
Llanuras, pedregales quemados,
soledades pobladas de ecos
para desnombrarte al borde del barranco.

Hay piedras con el espíritu de tu nombre:
nidos de cascabeles en desiertos cavernarios.
Y el fuego, menos lengua que llama,
y más llama que zarza ardiendo, sin consumirse
el fuego sin nombre, nervios adentro,
                    más hoguera que árbol
incinerando el lenguaje en la urdimbre del viento,
el humo que somos
bendiciendo lo efímero sin testigos, sin cantos, solo
ante los pedregales sin nombre
                    donde se hospeda tu sombra
con la maldición de los signos para celebrar
la pudrición corporal, celda transitada por el
                    [rumiar de los años.

# VANA INVOCACIÓN

Vení cualquier dos de noviembre
a merodear con tus harapos
en cualquier sitio de muerte violenta:
la ensenada donde asesinaron al niño huérfano;
el árbol secreto donde mecieron al poeta
la soga y la rama seca y los vientos repentinos del verano
o el callejón oscuro donde el borracho disparó
contra el rostro de su mujer
gritando enloquecido consignas de otra época.

Sordamente arrastrarás tus chanclas
hacia el charco de sangre
sólo para maldecirnos por invocarte de nuevo.

Vendrás repitiendo la misma cantilena inusitada
que hastiados venimos oyendo desde Homero,
la rodada melopea de refinados lamentos:
*prefiero ser un vil esclavo*
                    *en la hacienda de mi padre*
*que reinar omnipotente en el reino de los muertos.*

¿Te conmoverá nuestra pobreza,
ese gozo de tizones que van las cenizas encendiendo?
¿Alzarás el dedo ante el cráter desolado
detenido en enconados tonos blanco hueso?
¿Vomitarás tu odio de viejo ermitaño en sacrilegio?

Vení cualquier dos de noviembre
a merodear con tus harapos.
El pájaro de Píndaro
regrese envuelto en fuego.

## NOCTÁMBULA

No vino el infierno
sino su amenaza:
ristra de rostros atroces,
galería del horror sin redención.
Y el momento fulminante, el vértigo de saberse otro:
subterráneo violento hosco
puño surgiendo por dentro
cincel esculpiendo el terror.

## MIDI

Cuarenta grados de calor.
Pedernal desnudo el mediodía.
Vientazos azotando puertas.
Casas de ventanas podridas.
Bolas de hierba rodando siniestras.
Pelusas en agonía.
Suelo volcánico:
Tapiz de lagartijas.
Zopilotes tapizando azules lienzos.
Pedernal desnudo el mediodía.
Momotombos tumbas de fuego.
Retumbos de tambores en lejanía.
Sensación de cansancio terrestre.
Descalzarse ante la vida ardida.
Repudio del mismo rostro.
Repudio de tus axilas.
Áspera tierra abandonada,
vengo por mi nombre a tus cavernas íngrimas.
Obediente al dedo alzado
retumba el cráter de ceniza.
Cuarenta grados:
sediciosa luz omnívora.
Tiempo parado en seco.
Execraciones silenciosas.
Dunas turbulentas. Decisiones tórridas.

Celebrante fiebre embravecida.

## IMAGEN DEL MAGO

Conversabas tensamente con el tótem
en la calle Roma
sabiendo que no era cualquiera
el que pasaba por ese pórtico
de la conjura algebraica donde el barrio sumerio,
a una orilla del Sena, no era más que un detalle
hediondo a orines
en la pesadilla minuciosa del demiurgo.
Pero ahí estabas como si tal cosa
fuese real, carne de tu carne
y sangre de tu sangre, la liturgia del fuego
entre los escombros de las sombras,
tus dedos en el sistro o en la cítara
descifrando en las tinieblas las ardientes des
                              [nudeces de lo oculto.
¿Quién te decía esas cosas al oído
cada martes, Mallarmé, escasas voces que del otro lado
venían a crispar el pubis espeso de tu esposa
o a descifrar los símbolos del árbol nocturno al reverso,
palimpsesto inmóvil, en el dorso de su tersa espalda?
Nenúfar, tierno origen del mundo
            Y
        F A N T A S M A T A
Desde ahí nacías y te desnacías, anglófilo sin alumnos,
para, en cada martes, citar a tu presencia a la luna
de los bárbaros, la sangrienta hogaza, casi
                [hostia, del puro desarraigo nuestro

tras el hundimiento de los barcos.
La nocturna nave de los locos
que acudía en sometimiento de tu voz con tan

                    [sólo pronunciarla
espectro ausente en tu presencia, tal como

                  [quería, lustros después,
Ernesto en sus conjuros, con el terror del lenguaje ígneo
en la punta ardiente de la lengua
para nombrar por la palabra sin palabras
la temible apertura femenina entre dos mundos.

## HISTORY CHANNEL

Desde la pantalla relumbrante de la plaza
a la cuartería apestando a pescado.
Clavecines resuenan en el jardín,
pasan sombras de mujeres presurosas,
criaturas transitorias que agitan llamas de candelabros,
senos asomándose morosos,
pelucas polvosas de talco.
Luces retorcidas alumbran cuerpos dormidos
vellos de pubis oscuros sobre vientres de fondos grisáceos.
Los murciélagos vendrán después.
Y pozos y tumbas y cánticos.
De momento pasa perdido Paul Verlaine
hirsuto y hediondo y reclamando.
Clama por su madre
llora  por su mujer
mientras cepilla sus dientes podridos en el lavabo.
Vos y yo -sospechando el punk-
lo mandamos a la mierda
con sus ninfas nalgonas
con sus estériles faunos.
La ciudad apesta a porvenir.
Hay una fiesta de tambores en salones subterráneos.

## A UN POETA MENOR
## HOSCO A LAS ANTOLOGÍAS

Tu voz venía de Eurípides.
Sarnosa epidermis impía.
Odiado de los dioses.
Odiándolos firme.
No cediste guitarra
ni plectro
ni armónica
en ágoras de felices ciudadanos:
sardónicos coros de actores y actrices.

Solo silencio
mala fama
y trago trágico
taladra entrañas:
fuego prófugo en tu delirio.

Tu voz venía de Eurípides.
El infortunio pestífero de los seres diurnos
-arpegiado con asco-
en tu cantar retorcido.

## ENCARNACIÓN DEL OTRO

Cada vez que escucho la rumiadera de la madre,
en términos de *mare monstrum,*
descubro con asombro
que no soy el fruto de lo que estos otros engendraron,
    el génesis erróneo,
        los genes y la sangre,
            himno para tontos,
                romance sin retorno,
el azar de la caída para los dientes rotos
a la sombra de cualquier desastre.
¿Quiénes son estos parientes
con nombres para el polvo
y miradas de inmensas mortandades?

Cada vez que escucho esa rumiadera
de la biografía malograda, manual de manicomios,
descubro con repentino gozo
que la orfandad es un regalo de los dioses,
una ofrenda que nos va llegando poco a poco
en esas caras cada vez más desconocidas
que el tiempo va surcando cumplidamente en el otoño
             para sembrar de nadie
un cementerio anónimo desde aburridos cultos saturnales.

Cada vez que saludo a estos fantasmas
descubro alegremente mi nombre real,
el niño que era otro
y que engendró a sus padres
en la presencia ausente, oráculo del relámpago
al viento del oeste,

y no carne de la carne,
sino el fuego ciego del lenguaje
que asciende entre las llamas
para quemar la boca de la muerte
y crear su propio espacio donde llamarse Nadie
bajo el triunfo de la mortandad
que sólo puede arruinar la misma nada
en el crematorio encendido de la mente,
momento fulminante de encarnar
el descenso fugaz de la palabra
para el silencio de venideros portadores
del abrasador fuego que lame lo sublime
entre rocas anidadas por las águilas
que se rompen y desnudan a sí mismas
para prolongar el tiempo de su vuelo
sobre la aridez de oscuros territorios
apenas sorprendidos por la muerte.

No quiero más nombre que el de esos desnudos animales.
No quiero más muerte que ese intenso
parpadeo de tus ojos
abiertos a la violencia del viento penetrante,
el ímpetu de su embate transparente,
fuego consumido por el fuego,
carne renaciendo de su propia carne.

## DESDE NINGUNA PARTE A NINGÚN LADO

Esta es la voz del arrebato polvoriento,
la voz del polvo presentido entre penumbras,
la voz de quien jamás fue con el dentista
ni aprendió a usar bien los cubiertos,
ni puso un pie en regias alfombras.
Esta es la voz que reclama entre las piedras
su lugar en la nada nauseabunda.
Jardines de piedra, arboles de fuego,
esta es la voz depredadora de las sombras.
La voz iluminando en el vacío
estrellas en llamas entre la basura cósmica.
¿De dónde vienen estos ecos, padres,
sino de las rocas iracundas?
nadie nadiee nadieee.
Esta es la voz de quien sobrevive
al otro lado de todas las disculpas,
fuera del alcance de la caridad social
en la misma llamarada del abismo.
Esta es la voz de quien se acuesta sin cenar
y contempla constelaciones sin nombre
desde un cuartucho de hojas de zinc
al borde absurdo del precipicio.
Desde aquí me consumo en pronunciar las cosas
y las cosas tórridas me nombran
caos en vela, tinta de los instintos,
sangre que se consagra en múltiples fenómenos efímeros.

Soy la escritura de mis huesos
pasajeros,
las letras poderosas de un lenguaje enfurecido.

Tengo mis ancestros adoptados en la Grecia Magna.
Hibris de Pitia, temor de Sémele,
he abandonado el ombligo entre viñadores frigios
y las violentas llanuras de Tracia.
¿Soy hijo de Dios
o un extranjero que confunde la ceniza con el vino?
¿Hay una culpa que expiar en nuestros cuerpos,
celdas o tumbas de un relámpago viviente?
El fuego celebra a sus testigos.
Esta es la voz de mis ancestros:
urna en pedazos envuelta en llamaradas.
Sino me crees pregúntaselo a Píndaro:
La realidad es nuestra madre,
transitoria oscuridad, túnel subterráneo
para el tren del muerterío
hacia el otro rostro ardido de la tarde.

## OFICIO

Que fueras de calcio y fósforo
para perdurar más allá de mi muerte
a una velocidad considerable,
aunque imperceptible,
tejido viviente, fósforo calcinante,
danza nudista en los ojos del hipócrita
que dijo Charly B.
máscara de ayer y hoy
pero hambrienta de instantáneos fogonazos
del otro lado de los zumbidos
entre el yunque y el martillo transgresor
de donde viene sin traicionarse
la palabra
hasta las cuencas protectoras,
cavidades óseas, música en imágenes,
eidolas para el cartílago
venidas del hueso libérrimo
en la base de la lengua, relámpago y fundamento,
sola criatura para el *meditatio mortis*,
monje en llamas
de los que han de venir
buscando el suministro tenebroso
para incendiar la noche con antorchas
                              [humanas, bestias aullantes,
en nuestro oficio de tinieblas,
rito clandestino para la intensidad del instante,
efímero alarido en boca
de Altazor.

## INVOCACIÓN

Te llaman
escorzo eléctrico
ardores árticos
jardines nórdicos

plaga
      pliego
            plagio

*Kata* estrófica
            eufonía  del
                        T
                        E
                        R
                        R
                        O
                        R

## BASTARDO DE SOR JUANA

La celda con aldaba
cerradura por dentro
dentadura encarnada
la desnudez protegiendo.

Los votos públicos
pronunciados ante cadáveres
esperpentos incrédulos
aplaudiendo tus juramentos.

El camastro solitario.
La silla eléctrica espera muertos.
El escritorio atroz.

Y Góngora
            y Blake
                    y Rimbaud

en sus fosas comunes
esperando tus labios
para maldecirnos de nuevo.
Tu lengua prestándose al escarnio de la carne
prendiéndose en gozos de crematorios siniestros.
Tu confesor alarmado.
Tenebrosos tímpanos en vértigo.
Una paloma blanca atraviesa el vestíbulo.
*Te estás muriendo.*
Cotidie morimur.

Nadie diga que el amor se durmió en tu sepulcro vacío.

**LIVE IN POMPEI**          *con fondo de Pink Floyd.*

Andamios desarmándose renuentes.
Palabras pretextos.
Sonidos de truenos  ante guitarras chirriantes.
Magmas impredecibles.
Trazos eléctricos.

Alterada  batería altera parlantes.
Repentino silencio.
Planetas danzando frágiles.
Intentos de tinta fallidos.
-Sonetos desmontándose-
Escasos ecos en caos.
Incinerados lenguajes.

Ciudad sorprendida en su siesta.
Cuerpos de sibaritas desnudos
alcanzados descalzos por brisas de ácidos sulfúricos.

Silencio
          ceniza
                    pedruscos.

Lluvia negra en mediodía oscuro.

Tímpanos: Nautilus palpitantes.
Dépositos  del vértigo.
Ante truncas columnas ruinosas
martillos percutiendo acordes discordantes.
Tímpanos témpanos del tiempo.
Receptoras antenas de Antares.

Deméter borrosa en muros monocromos.

FENDER
    STRATOCASTER
        TELECASTER

Persistente batería trepidante.
Teclado insistente sosteniendo
cielos de silencios calcinantes.
Guitarras arañando el viento.
Metálicas uñas rasguñando techos.
-Andamios tambaleándose-
El Bajo resonando testarudo.
Sintetizadores estetizantes.

Anfiteatro desolado.

*Sermo rusticus* de nuestro oprobio.
Lupanar intacto tras los terremotos.

Solo de guitarra arriesgándose
entre cadáveres calcinados.
La madre cubriendo la boca del hijo
con seco pañuelo de yeso disecado.
El gesto de horror bajo los gases tóxicos.
Rictus detenido en intenso desamparo.

Concierto desconcertante
danzante sonido indómito
entre sórdidos escombros de sonetos apestados.

Atónitas antenas de Antares,
tímpanos que  reservan eléctricos escorzos
-vinilos en vilo,
bárbaros ofertorios-
ante el día tenebroso de horarios rutinarios.

## PROFESIÓN DE FE

Que el fuego te renombre,
llamarada perenne en el pozo, con la fiebre
en los huesos y el ardor en los labios,
brasero del lenguaje
prendido surtidor para el leño del oprobio.
Eras el rostro blanco en las negras pesadillas de mi infancia;
la voz con mi nombre entre las sombras,
el caballo desbocado con las crines como llamaradas
o la columna de humo en los espejismos de Sonora
que mis ojos vieron
desde el abrazo de las zarzas.
¿Quién dijo que Heráclito el Oscuro
ardería en negra antorcha?
¿Quién dijo que la noche era la maldecida fragua?
Oscura llamarada al fondo de las cosas,
Nadie te pronuncia al borde del abismo,
Carmelo del orgasmo, cosmos en llamas,
furia ígnea del orgasmo mismo. Aquí todo
                              [comienza de nuevo
en la llamarada abrasadora del principio
y en la ceguera del fuego en boca del sumerio
contra el viento de tu nombre ardiendo sin testigos.

## OFRENDA DE CENIZA

Te ofrezco mi pudridero de palabras,
mi columna que se encorva de manera imperceptible,
la caducidad de mi silencio,
el don de desaparecer sin nombre
al borde del abismo perentorio.
Te ofrezco el oleaje interior donde no somos
nadie y nada es de nosotros,
lengua del lago, leguas de fuego,
espuma del origen entre jadeos
traducidos a signos cavernosos
donde desaparezco sin entender
lo que digo
cuando pronuncio la presencia ausente
entre tus muslos dadivosos.
Te ofrezco este parlante silente, signo de fuego
para recordar la fugacidad
de nuestros cuerpos en abandono;
la pérdida de dios,
la dispersión de nuestros rostros,
la ganancia de la muerte
en la poblada soledad que habita
los páramos de nuestros ojos
ciegos de transcurrir de lo visible
a lo invisible, cerrojos inseguros hacia el origen trémulo
de la única lengua que era el mar
en su verdosa persistencia
alzada contra la veleidad de pétreos acantilados sórdidos.

## ROMANCE DE LA ROSA

El predio de las tiendas recién levantadas
me recordó la lejanía de tus manos,
cuando la locura era mi manera de mirar
los rumores de las cosas
pronunciadas oscuramente por tus labios.
Las dunas y el delirio del ayuno
hicieron de mi sombra un nombre
que todos los padres condenaron.
El predio de las tiendas recién levantadas
me recordó la tierna lujuria de tus manos.
Las tres sílabas de tu nombre:
un aljibe abandonado en el desierto,
sombra con el vestigio de dios
entre tus muslos,
en tu pistilo de fuego
                              sin ocaso.
Rosa del barroco,
me cuidé del ademán idólatra contigo,
pero proseguiste viniendo, serpentina piedra
esculpiendo piedra, en la simiente
demorada de los sueños,
en la hierba sesgada sin testigos.

## SACRUM COMMERCIUM

Que este sábado de fuego sin reposo
sea
verdadero memorial de la carne
que vino a morir en los asuntos del viento,
12 de diciembre, 2008
café con leche reflejando
el rostro alejado de la infancia
entre el ejercicio de su deterioro cotidiano
y el asombro de pronunciar lo que no es
a la sombra sospechosa de ciertas palabras.
¿Qué importan las prohibiciones (bans),
el bien o la verdad y sus pútridas alhajas?
Ya no quedan espejos donde verse,
perecieron los reflejos en las llamas.
Que los incidentes de tu carne
ahora pertenecen a un presente
insignificante, solitario monociclo sin retorno,
Adán don Nadie,
navío hacia el silencio entre otros féretros anónimos,
hogar inasible que te espera, uno definitivo,
en la certidumbre a ciegas del mañana
sobre el cemento del cementerio
pisoteado por un dios mal herido en el ocaso.

## NOCHE DE MANCHESTER

Que te meciera el viento cual velamen sin norte
[es lo de menos,
cuerpo sin llanto, cuerdas vocales ateridas,
[cadáver desnacido,
trapo sin tropos atrapado en esa soga.
¿La epilepsia era nadar en el aire contra la
[soledad del cemento
o era la danza del niño en el agua amniótica? Nunca
lo sabremos, Ian.
Sólo que un niño cargó la palabra odio en sus espaldas
para decirnos lo que no eran los hombres
[entre las ruinas del mundo,
entre el pudridero de impuestos y la modesta deshonra.
¿Y la mujer, partida en dos, tibia humedad
[en medio, era la llamarada
que convocó a los abismos,  infierno que llama al infierno?
Nunca, Ian, lo sabremos. Sólo que un niño
[regresó de allá abajo
con la boca hedionda  a cerveza rancia, a noches sin nadie,
a espuria derrota.
Desde allá las llamaradas te siguen llamando,
mientras los días pudren los colores
de las paredes para deletrear tu nombre en los sanitarios
públicos,
donde los espejos se rompieron contra
[los rostros de los maníacos.
Vos eras el tenebroso, el viudo, el inconsolado,
[con un sol negro
en tu guitarra blanca
tatuada de viles heliotropos apestados. Como Nerval

deambulando en la rue de la Vielle- Lanterne,
encontraste en la noche de Manchester
la desdicha de no poseer la nada.
Los pies apenas sobre el piso, eras vos
y eras el otro
nadando contra la sucia luz de la mañana.
Luego vino el fuego sobre tu rostro pálido
y como siempre el buitre de la póstuma
                              [desgracia. Nunca existió tu yo.
Nadie se fue en silencio. Nadie perdió el control. Nadie
anudó la nada.
Desde el horno donde tu cuerpo ardió, navío insomne,
un potente viento de ceniza se hizo canto en tu garganta.

## JASON TODD

Quién puede entender la no violencia cuando en las calles
sólo podías respirar como persona al sostener en la mirada
el fragor insostenible, serenamente colérico, de
                                    [los tipos duros.
Y luego venía la conciencia de los cactus
creciendo obscenamente en los rincones
donde tu nombre era la metonimia del vacío.
Cada golpe contra el prójimo, destroce de las máscaras,
deformidades irreparables en los rostros,
 era una violenta despedida
del jardín soleado con la mujer semidesnuda
y los niños chapoteando en la piscina inflable
que hubieran muerto de la risa al estallido de tus bromas.
Cada palabra contra el prójimo, disparo al
                              [cráneo o nube de ácido
surgiendo de la frescura de los órganos,
era un adiós definitivo
a las bondades de las áreas verdes que
                                    [envidiarían tus amigos,
mensajeros desterrados, mercenarios fraudulentos,
extranjeros deleznables ante la felicidad ajena
                                    [en cada esquina,
o el surgimiento implacable de una procesión
                              [de rocas muertas,
aullidos petrificados del desierto,
que los niños y los locos, con miedo y sin asombro,
empezaron a contemplar en el descuido oscurecido
en las planicies de tus ojos.
Nadie entiende la no violencia, cuando cualquier
                                    [muerte en la familia

pudo evitarse con la  inconstante constancia de las llamas
o la excursión nocturna al silencio del manicomio,
y no con el perdón impracticable, ese mito de la
                                [Rehab penitenciaria.
Ah las insulsas moralejas de los comics
para niños disfrazados de adultos,
pálidos adultos con disfraces de niños:
Comedias que no hemos podido presenciar en
                                [los hediondos
suburbios de Managua
donde la evolución del hombre
continúa sobrestimada como un error hermoso
en las lenguas sucias de socorristas
antropófagos, salva muertes de la espuma,
borrachos acechados en las noches
por la certeza inclaudicable del suicidio.

## EN CUANTO A LA BÚSQUEDA

Uno anda buscando el verano
en que lo engendraron para la muerte.
*Dasein* sin darse, ser tirado ahí, entre la sangre
                                              [sin consagrar
y el aire de golpe para el llanto de cabeza.
Porque no es cualquier cosa
que te engendren, acaso sin desearte, un verano
de finales de los setenta,
The Beatles separados sin remedio,
la bomba H preparándose en silencio o con la
                                        [propaganda del descaro,
la revolución como un incendio venidero, una
                                              [sombra prendida
en la certidumbre de los rostros condenados.
                                    [Esto es historia,
no nos pongamos serios, pero no es cualquier cosa
que te engendren un verano de esos,
algo que te perseguirá, Dasein proscrito,
*no ser* tirado ahí, por varios lustros de tu vidamuerte
hasta que de una vez comprendas
que no importa quiénes ni para qué
ni si acaso te desearon en el azar de las hormonas,
sino el ser llamarada ahí, sin nombre,
listo a prenderle fuego al nido de oropéndola
padres adentro, iglesias adentro, patrias adentro,
el lenguaje del incendio para afuera
cuando al final de la búsqueda
solo quedan los carros envueltos en el humo
de las llamas, anónimos los rostros,
el adolescente enfurecido naciendo de sí mismo
                                        [en la marea,

en el bautismo de fuego que te nombra
para la desnudez en llamaradas
de andar por las calles sin compañeros,
sin dinero, sin muchachas, ardiendo con el
                                    [tiempo a contratiempo
como el Dr. Manhattan sin poderes
en algún planeta inhóspito, pero dispuesto
a partirle la madre a los egipcios vientotenientes
con tus átomos, ¡Ah infeliz Dasein de signos generosos!,
listos a convertirse en ventolera polvorienta
cualquier verano de estos, uno del que tampoco yo
me corro.

## HOMO VIATOR

Hemos ido de A hacia B,
del anarcos con tráfico de huesos para el polvo
hacia la B de lo bestial convulsivo
que André Breton prometía allá por el 24
poseído por los botines rotos de Rimbaud
y los infiernos de Montevideo traducidos en la
                                     [Galerie Vivienne
por el adolescente Maldoror, perro salvaje del presidio.
Hemos ido por las calles hediondas de Managua
con la radiografía de los pulmones entre manos
respirando la ruah
                la rue
el ritmo de la muerte
al descaro irreverente de la partida
                        no de nacimiento.

Hemos ido perdiendo, claro está,
las razones de Voltaire por el terror
del pensamiento al borde del precipicio, donde
                              [las mariposas de aire
que salen de tu boca son las mismas
avispas que en  vísperas de Walpurgis
ardían en la lengua ígnea de los bárbaros,
en los nombres olvidados de los muertos.

Hemos ido viajando
del útero a la tumba.
Máscara y persona y tótem hambriento,
lengua virgen con sed de sangre consagrada,
son llamas indomables de lo mismo.

## ESTÉNTOREO STEREO

Asco acosa cosas
acusa caos
sacude sacos
socava soca
resaca enrosca
zagala y soga
hasta tu postrer estertor.

## AUTOEXAMEN DE OTRA SOMBRA

En aquellas noches,
después de la comida
de los pulpos en su tinta, mientras el sacerdote pétreo
estaba sentado, con fondo rojo grana,
en su silla junto a la puerta del templo,
(pontifex antiromántico, y profeta del primer huevo)
el joven desmadrado (huérfano de Madame Bovary,
                              hermanastro de Lord Byron)
se levantó con su guitarra,
y con el alma ebria, llena de amargura,
se puso a imprecar al Señor,
cantando a todo cantar.
*Le paradis n´est pas artificiel*
No había pan ni vino
ni paraíso que recobrar.
Porque desde la roca inquebrantable
hasta los murales que sus ojos realizaron,
malogrados para sí mismo, maestría impar para los otros,
con el maestro de obras emporcado
frente a la capilla sacrosanta del lenguaje,
la dama nos mostró su rostro:
la mismísima procesión del carbón hacia el diamante.
Lo demás era sólo un murmullo
que nosotros, ávidas urracas,
observábamos en sus labios temblorosos,
y como el hombre viejo hablaba para sí
y no se oía su voz, sólo el escándalo de su miseria,
aunque movía sus labios condenatorios
de la ciudad y de la madre naturaleza,
ambas extrañadas ante tanta malacrianza,
(el Satán de Milton haciendo estragos en el vecindario,
espantando burguesas con los acordes del
                              [clavicordio pederástico)

alguien creyó que seguía en la brecha
de Baudelaire y otras muy malas compañías
de alegres costumbres anticristianas.
"¿Hasta cuándo te va a durar la borrachera?
-le dijeron-
¿Quién quiere morirse de hidropesía
en la nostalgia fraudulenta, tañendo el sitar de los malditos
con el performance malogrado de la herencia desolada?
¿Hasta cuándo serás la lengua obsesiva
del poema, y a la vez la saliva de la envidia más funesta?
A ver si se te pasa el efecto del vino
y te vienes a sentar a la oficina
donde estamos creando al hombre nuevo".
La metonimia de la mentira,
lo demás pertenece a la calumnia
y a la di-fama-ción, ese ídolo del pueblo.

Nosotros que no creemos en el pueblo
convertido en ídolo, ni en los ídolos del pueblo,
desde la sombra anfitriona te decimos:
"Vete en paz. Que el Señor de la Palabra,
el que humilla y enaltece,
te conceda lo que has pedido:
la perduración de tus poemas
en su fijado vértigo, y de tu historia,
viento inconstante, el memorable olvido".
Ahora encendemos la mirra en las calles de Ramá,
y bebemos de otro vino con amigos que no admitirías
en tu cenáculo decrépito, tu triste séquito de
                                    [parias mal nacidos
para la guerra que se libra bajo el signo de otros tiempos.

## HUÉSPED DE TU SOMBRA

A veces hay momentos en que un niño,
con rabiosa renuencia adolescente,
se aparta de todo y de todos,
contempla la pudrición progresiva
en los rostros complacientes, en la herrumbre de las flores,
en el olor a tumba sin ultratumba de los viejos condominios.

Los cabellos al viento,
lleva en el pecho de la playera
el nombre de algún ciego trovador
o de alguna ciudad perdida en el desierto,
beatitud preparada para el vicio.
Ve la última letra del alefato,
tinta o sangre, inscrita en señales callejeras
y descubre el temblor
en la mirada andrógina de una adolescente
merodeadora de los templos clausurados
bajo el amanecer, bosque incendiado al este del hastío.

Otra vez danzamos con ese adolescente imberbe,
cabellos al viento, el sinsabor militante,
la muchacha cabello corto, yelmo castaño,
espiga intocable vista solamente dos veces,
pero grabada a fuego en la fragua de la memoria
con la letra Tau intimidante
en los muros cancelados tras el temor de los transeúntes.

Desde mis pies, oscuro en sí mismo,
muere y renace, Adán no del Edén, ni Adonis
                              [del jardín pretencioso,
sino el zumbido de aire antes del *Beresit*,
la sombra de la palabra
donde voy penetrando en la renuencia

adolescente de mi infancia, fuego apartado,
arco lejos del alcance de pretendientes tenebrosos.

El olor a tumba de las casas
apesta entre las manos y las ropas.
En un mercado persa,
inmerso en mi delirio, abro los brazos a la sombra,
otredad deslumbrada en lo sombrío,
cartero portador de la señal condenatoria.
Abro los brazos y giro en la azotea
de los templos, mis huesos solitarios, mis cabellos al viento,
el mar sueña conmigo
y los dichos de mi boca
provocan mareas de violentos espejismos.

Entre la sombra hay brasas de un fuego primigenio,
mientras los muertos asoleados
prosiguen laborando en sus cubículos
ciegos a la nada
que duerme en sus rescoldos,
sordos a la noche que habita en sus oídos.

La sombra que me hospeda
celebra también el claroscuro
y pronuncia en tercera persona
el movimiento lento de mi aliento
donde nadie danza al borde del Vesubio.

La sombra deslumbra la palabra,
y  me hundo otra vez entre sus brazos,
viento atrapado por el viento,
oscura claridad del canto subterráneo.

## PLEGARIA PARA TUS OJOS

Que lo imaginado
-piedra sobre piedra-
sea la impronunciable
vidamuerte muertevida
de la mar vencida por la lengua
alegre de mi voz a solas,
tardía luz
danzando con sus *eidolas,*
descalza danza para el riesgo de tu cítara,
parpadeo de un dios mortal bajo una inmensa sombra.

## AUTORETRATO RETRO

Entrometerse con ese rostro enjuto
de la anemia, entre el coraje
y el ver
más allá de las imágenes,
dolorosas *eidolas* de la transvisión rebelde,
es volver al origen
del desarraigo en las esquinas de la urbe:
soledades de concreto y
cuchillos siempre a mano,
 la verdadera nada en los bolsillos,
el verdadero furor en los botines vagabundos,
el aullido de Lautreamont entre los labios,
el mismo rostro enjuto reclamando
su lugar entre los dioses podridos
de tanto padecer la otra noche
de la gran Jerusalén que emputecimos.

## BORDERLINE

Quién aprendiera el barroco
en las obesas de Rubens
o en el tenebrismo violento de Caravaggio,
y no en las columnas torcidas,
torpes sierpes de cemento,
sosteniendo templos abandonados
en plazas yermas
de polvorientos pueblos
donde la *vida empieza en lágrimas*
*y caca*
al borde de puentes tenebrosos
adornados con la carne desnuda
de cadáveres mutilados.

Pirús, surtidores de espinas,
¿A qué reina coronan en los espacios pelados?
Del desierto en pedregales oscuros,
de sus nombres para siempre olvidados,
transpirando el olor de la muerte,
inmigrantes cercados por pájaros.

## BAUDLERIANA

Que sólo las lesbianas toquen mi cara, con
                 [dedos vedados al estupor del azogue.
Medusas intocables, la horrenda belleza cerrada
                    [a nuestros instintos,
      perros desamparados del trasnoche.
Que sólo ellas se acerquen a mi rostro
para reconocer lo pétreo de la lava
mucho después del esperma ígneo
y los alaridos prometeicos de Empédocles.
Supimos la compasión de esas manos andróginas,
Antígonas persistentes ante el cadáver
merodeado por oscuros zopilotes.
Y que los cactus se desintegran lentamente
                   [también lo supimos
en esas estrofas sáficas
que fueron desarmando uno a uno los tejidos
                 [del vestido, esa noche.
Que me asalten con sus pesadillas de una
               [ciudad que las persigue
con antorchas, con desempleo, con orfandad,
con el cuerpo incendiado para nadie: negación
                   [de negaciones.
Que sólo las lesbianas, te digo, me lean sus poemas al oído
con la violencia repentina del incendio y del
             [agua que te niegan siempre
por ser hombre, y no el  hijo. Mi patria ha sido el desierto.
No les temo. Cuando se cansan de sus
             [crueldades, las muy arpías,
también saben invocar la precisión de la ternura
y pronunciar el nombre exacto de ciertas flores.

Que sólo ellas supieron respirar el fuego sin quemarse
y dejarlo, con reverencia de vestales, en el mismo sitio
donde lo presenciaron:
un rostro pétreo, un nombre extraño, una mirada negra
como el fuego oscuro
que las acarició desnudas para dejarlas intactas
                                    [al borde del abismo:
niñas ardiendo como antorchas
en la oscuridad del mundo incinerado, sucios rostros
entre el humo de escombros asesinos,
entre la polvareda de templos arruinados.

## DEL ÍNDEX EXPURGATORIUS

"I am an antichrist"
Sex Pistols.

Da ganas de patear a los poetas
que pasan
posando para siempre en sus currículum.
Engusanados en su propia gloria y
hablando hablando hablando
¡Ah, blandos!
Como si no les hubiesen cortado el prepucio
al pie del precipicio.
Da ganas de patearlos tantas veces
crédulos del canto o la cantina,
la lengua sucia de pedir al dios Estado
el puesto en el ministerio excrementicio.
Da ganas de patearlos en la boca
con los botines rotos de Rimbaud
o los zapatos de los muertos
que le apostaron siempre a la derrota cada vez
que los vemos, potros amaestrados en trote granadino,
afanados en carreras presuntamente literarias
y hablar hablar hablar
mientras fuman famosos cigarrillos
figurando el selfie narcisista
en salón de maniquíes para desfile hípico
oliendo a humo,
a cosa chamuscada, a carne de caballo entre las llamas.

## QUIÉN

¿Quién será el que anda
viviendo de nuevo mis veinte años?
Las ciento diez libras de pura
ira
por las calles revoltosas de Managua,
sin empleo, sin dinero, sin testigos,
con el signo de las noches
en la mirada ofrecida a las cenizas del bestiario.
Andará durmiendo el día en bancas públicas
o en retorcidos catres
con las botas rotas de patear piedras
y la lengua virgen inmersa en temibles sopas tan insípidas,
lengua con veloces papilas para el fósforo,
quemadura experta
en argot de ladrones y en insultos
pendencieros del barroco. Este famélico hijo de la gran
furia
cómo le hará para tirar la piedra sin esconder la mano,
permanecer en los veinte con el mismo fuego
oscurecido del pernicioso Heráclito, incólume en las ganas
de incendiar el templo
del lenguaje que le dieron
para incinerarse cada noche
*sombra a sombra.*

## DESAYUNO SOBRE LA HIERBA

Sólo la hierba bajo el amanecer era el camino.
Un cuerpo desnudo que responde gimiendo al *buenos días*
mientras el sol enciende entre sábanas sin dueño
las ceremonias de algún ritual egipcio.
Tu mente era una con el césped verde
y el movimiento intenso de tu mente UNO
con esos duros mendrugos del astro amarillo.
Pan de todos.
La primera comunión sólo comprendida
por el furioso errar del vagabundo,
por el tenso posar de los mendigos.
Aquí y ahora la sexualidad de las orquídeas,
el sol sobre la hierba, la desnudez definitiva.
Escenas de una cena
para dos
que eran una sola carne en tu mirar de niño.
No te apegues.
Alguien cambió el agua de la boda.
Hay sangre salpicada en los manteles.
Isaías en silencio anda desnudo.
La carroza de los novios trae cadáveres
para sembrar el terror entre los músicos.
Nadie dona la simiente.
Andamos en la tierra como intrusos.
No te apagues.
La tierra va rotando en la negrura.
El lenguaje se celebra en el vacío.
La hierba volverá a crecer entre las rocas.
Busca el rostro de tu dios
en el jardín de infantes, algarabía árabe,

en el andar ardiente del sol
sobre la hierba sin padres
o en el respirar atroz de los asilos.
Los locos poseen las respuestas.
Desde Artaud a Van Gogh
desde Rimbaud a Wordsworth
el valle ha sido uno con nuestra mente,
tierra cubierta de tierra
y surcos en predios baldíos:
somos la Postrera de nadie
para la siega fatigosa
de algún ángel afligido, trigo extranjero de la tierra,
mensajero errabundo en el exilio.

## HUÉSPED EN LA ARENA

He visto esa luz oscura
mirarse a sí misma en mi mirada.
No decayó nunca su negrura abrasadora,
zalamera zarza, ardiente oscuridad
de las tardías horas. No caí
más bajo que cualquiera ante la llamada calcinante,
quemadura de los labios en las sombras.
Pero llegué tarde.
Confundí la violencia de los pájaros
con la pereza de los arces. ¿No decayó
la palabra entre la ira
y los deseos de tu sombra?
¿No decayó el lenguaje entre la rosa de la alquimia
y el muerterío placentero de tu carne?
El Carmelo era el desierto
con la voz de una persona.
Nadie puede decir Adonai
y seguir dormido entre los lazos de las cosas.
No permitas que el espejo de los días
repita sus paisajes
en las llamaradas indomables de tu boca.

## MEDITATIO

Estamos vinculados con la muerte;
de cada féretro nos llegan improperios
por morosos. Este sujeto ya va de camino
al pudridero,
aunque la tinta pertinaz
de incendio en incendio prosiga
celebrando la ceniza gozosa de la carne
*pelvis est pulvis*
*est et in pulveris nos reverteris.*

Nos merecemos la ceniza, no lo niego,
pero nos sometemos al lenguaje ígneo
del silencio por amor a la violencia
que nos une a nuestro verdadero rostro
o llegamos a la frontera de las cosas
sin palabras que palabreen las palabras,
blancura ocre de la realidad virtual
donde desnudos nadamos en la nada, hermosos
signos ígneos del lenguaje efímero, irrepetible polinomio
de la muerte.

## NUESTRAS CUMBRES BORRASCOSAS

Hemos celebrado lo efímero del fuego
que danza sus amenazas en el viento infame
o fragua sus incendios de navíos que se hunden
con  gemidos parturientos en la turbulencia de los mares.
Agua turbulenta
y triángulo de fuego
en la entrepierna de una muchacha esdrújula,
arpía arábiga, cuerpo contra cuerpo
en la ceniza de las sábanas.

He celebrado esa liturgia,
ambos adolescentes poseídos
vislumbrando el Uno
en la epilepsia eléctrica
o en el vértigo
de la compartida tempestad intercraneana.
Relámpagos adúlteros.
¿Era pues esto:
ser la liturgia de dos sombras
que retornan casi muertas
a sus nombres?
¿Ser la Palabra de unas manos que se sueltan, aturdidas,
otra vez lúgubremente solas?
He celebrado lo efímero del fuego,
carne bautizada para arder
arder                   arder
        Burn and Born
        Born and Burn
avispero con hoguera adentro en los días
                              [aburridos de la rueca,

relámpago irrepetible de dos rostros intensamente solos.
Ahora sólo perdura un inmenso silencio
que no cesa, la ceniza de los días pisoteados por la lluvia
y en el tumberío miserable

                          el mágico rumor de nadie
en el pasto recién quemado de la tierra.

## SOMBRA QUE ACLARA LA SOMBRA

La otra realidad de tu rostro
era el banquete atroz de los gusanos, la luz
$\qquad\qquad$ [inmersa en las células
de tus pupilas, los huesos prendidos por la fiebre,
la sola razón de ser de los relámpagos.
Y era el mismo caballo azotado por la lluvia
de piedras lanzadas por los niños
el que animaba tus ojos color charco o las ranuras hendidas
de tu frente, las llamaradas prometidas
lamiendo páginas violentas
con la ira de los asesinos agraciados
en medio de la desgracia permanente.
No hubo catequesis para el fuego
cuando te penetraron las palabras
del asombro: la penumbra con tu nombre
y el enjambre con su urdimbre
en el desamparo irreversible de tus hombros.
Nadie te dijo en el brasero sin aliento
que el *spermas athánatos* era también
el otro nombre de la noche, un cielo de Chagall
para tu cuerpo al borde de la desnudez,
llamarada contenida, solidariamente incólume.

## ÚLTIMO RESCOLDO

Porque el desasimiento llega,
fuego invocado por la guerra del tambor
al fondo en llamaradas de los ojos,
de la manera más vulgar este verano:
dos vasos desechables sobre la mesa donde comenzó todo,
luz violentísima en espejos silenciosos, tiesos
                                    [nopales sin nobleza
y pedruscos más porosos que las promesas
en los puentes derrumbados
dos días después del terremoto.
La paciencia del predador
acuchillado entre servilletas, de bruces en la
                        [oscurana de una boca cerrada para
                            [los símbolos que nos persiguen
                                [al otro lado de las letras,
dunas donde la nada
escribe tu nombre con signos peligrosos
y luego lo apaga con el peso de la conciencia
como se apaga el fuego
bajo una tendalada de arena donde el viento convierte en
más viento
tu nombre muerto: un girón de polvo entre
                                [remolinos arrastrado.

## MISTAGOGIA DEL FUEGO

¿Qué puedes conocer, amenaza leonina,
en tu silencio?
Entra en la tienda y conocerás la arena,
penetra el fuego y conocerás la nada.
La noche de la mente sin sentido anuente
que la salve,
la niebla de una mano piadosa aferrada a su camándula.

¿Qué puedes decir, lengua violenta, sierpe consagrada
a la sangre?
Entra en la tienda y pronunciarás las dunas
asume el fuego, balbucearás el nombre.
La noche del verbo imberbe
sin amigos, sin padres, sin vestidos,
el grito agónico contra las alturas.

¿Qué puedes poseer, garra impía,
desgarro de luz entre las sombras?
Entra en la tienda y encontrarás a nadie,
atraviesa el fuego para volverte hombre.
La noche te llama
contigo mismo a solas,
heredarás el viento con un placer infame.

## QUE ME VINIERA

Que me vinera la muerte nuestra
desde mi costado, no me lo esperaba,
medusa de los días rotos, quebrados
como espejos de aguas inservibles.
Aquí no habrá lugar para la anécdota,
ni un Picasso con guitarras a regañadientes
en el podrido abrevadero de labios
y orejas y narices. Ni siquiera tus ojos,
llanura de espejismos para el desamparo.
Solo el azul período corriendo por las venas
de tus piernas, alzado contra el fuego
que nos maldijo en esa playa,
vomitadero de espuma, azul marino
de la rabia nuestra. *Mel et lac sub lingua tua*
en el silencio de dos manos que se sueltan
para siempre
en medio de la nada calcinada
sin reclamos, sin promesas de regreso
a ningún génesis.

## DESPEDIDA

La ciudad es una fantasmagoría
abandonada junto al lago.
Contempla en los rostros el recuento
de los muertos, de los vivos sin sus piernas,
de los remordimientos sepultados.
¿Este es el lenguaje del agua
donde Xolotl guiaba a las sombras
hacia las lindes del desamparo?
No respondo por esas voces
que reclaman el hundimiento
de las piedras
a mis pasos. No respondo por el fuego
que sale de las bocas
en la intensa tensión de los semáforos.
Desconozco las consonantes de la tierra
para urdir su arcilla roja con mis manos.
Y no voy a confundir la perorata de las calles
con la llama violenta, ascua palpitante,
encendida en mi cerebro de parajes incendiados.
                                    [No voy a confundir
el verbo que en mí mismo se hace carne
con los nombres extraños de los dioses muertos.

En el principio era el agua,
pero antes del agua era el fuego.
Y antes de la primera palabra
era la sombra radiante,
el esplendor del *pneuma* en su vuelo.

Abandona la ciudad, el lago
de anónimos muertos.
Todo es despedida en la penumbra sin dioses.
No mires atrás, evade ese cráter hediondo.
La fama que todo corrompe,
con excepción del dios anónimo.
En el interior de la llama
danza un lenguaje viviente,
canta un viento proscrito.

Antes de desaparecer
recibe tu nuevo nombre
y marcha contra el exterior de las cosas
dañadas por un sol perezoso
en la herrumbre de los días
podridos.

# IV

# Formas del viento

"Con la estatura del viento camina por el abismo"
Adonis

## VANDER DEKEN

No tendrás derecho a morir
persiguiendo las huellas de Sísifo.
De país en país, de mentira en mentira,
tránsfuga errante por linderos fronterizos,
celebrarás la ceniza de la noche,
el misterio de la carne
                      y su posterior olvido.
Errarás una vez y otra y otra,
fuego apartado, boca de sombra que
se equivoca, en el riesgo del comienzo,
en el rigor del fuego tatuado en el principio.
Te rodeará la nada de Adán,
el viento nocturno azotará tus ojos indecisos.
No te valdrán salmodias
cuando el abismo llame al abismo.
La muerte de cualquiera:
Un papel sellado en Medicina Legal, gélida
la morgue que abre y cierra sin cesar,
el ágora
sin elegías que corran el peligro.
Un ramo de
Siemprevivas
siempre muertas
para recomenzar como el mar
que amenaza de nuevo con la primera espuma
el ir y venir del navío en extravío,
residencia errante,
presencia vacía de la ausencia plena,
verdad absoluta de los espejismos.
¿Y ahora podremos invocar entre las llamas

los nombres de las cosas muertas?
¿Podremos conjurar el rostro mismo del olvido?
Hay un barco varado en el desierto,
su desamparo lleva el nombre de tu rostro íngrimo.
Aquí y ahora pronuncia tu silencio:
palabra de los mudos,
visiones de los ciegos,
nube solitaria
que pasa sobre el monte
desde ninguna parte a ningún sitio.

## AUTUMN

He aquí
las hojas
caídas,
las hojas
que caen
del árbol raquítico,
sus ramas alzadas son finas redes neuronales,
una ofrenda de paso para el aire de invierno.

El árbol, las hojas, el hombre
creados
caídos
desde el abrazo tembloroso,
desde la mano recelosa,
desde la voz consecuente del mito.

No puedes detener la muerte de las estrellas.
No puedes impedir ningún suicidio.
Las hojas caen muertas en la mesa
luego de la primera palabra,
el viento sopla hacia los bosques incinerados de los ídolos.

Levántate, amor, entre los muertos
y reconoce a tus verdaderos deudores:
tus padres engendrados en el ocaso
o los amantes furibundos que eligieron el desierto.

Después de la sangre de los primeros testigos,
niños y mujeres devorados por leones hambrientos,
en la duradera mentira de seculares eufemismos,

mencionaremos la oscuridad de tu descenso,
proclamaremos el poder de tu alarido.

Las hojas caen de nuevo con la tarde.

Alguien en Bizancio está naciendo
del agua y del fuego
invocados bajo una lluvia de violentos meteoritos.

Nosotros no queríamos nutrirnos
del amor invasivo que nos transmitieron,
pero el agua es el agua,
(origen del sueño)
y el fuego es el fuego,
(primer tambor virulento).

Dicen que es tarde para hablar más allá de la blancura.
Demasiado tarde para los signos inciertos.
Pero es la primera vez que pronuncio
un barco en llamas
ante la oscuridad de un puerto
o las hojas caídas sobre la roja arcilla
bajo los pasos de un hombre
cuyo hogar es el viento.

## VÍA UMBRÍS

Quieres entender tu muerte,
esa tierra oscura, domadora de caballos,
pronunciando el afán de compañía
al borde de la herida de un dios abandonado.
Quieres pronunciar el silencio de la sombra
aborigen, la búsqueda del otro
cuando en la realidad, página vacante,
estaremos siempre solos. Quieres el símil de la simiente
y el dominio acusativo de los tropos,
lo invisible que celebra en lo visible
la oscura claridad de un oscuro sacerdocio.
El paraíso era un cuento para niños,
la única verdad para el pronombre nosotros.
Ahora cada quien regresa a la inocencia de sus culpas
bajo el árbol calcinado por un relámpago anónimo.
Tu libertad bajo la palabra errada
es el sonido muerto de la noche ante tus ojos.
Ahora el verbo alzará su tienda entre nuestras dunas.
Y al terminar ese prólogo,
génesis de todas las preguntas,
debes elegir entre la luz
rechazada y las tinieblas poderosas
ambas sendas asumidas entre sombras errabundas.

## OTRA MUCHACHA

Es un hecho que esta sombra
acontece desde el paso urgente
de ese cuerpo tórrido (mujer en sus últimos gestos
de aire adolescente), hacia la contundente
                                    [nitidez de los espejos,
maestros del desnudo erótico.

Esa melena leonada, la columna erguida
de quién nunca pasó por alto el valor
sutil de la autoestima, el tenso andar de brazos balanceados,
no es la misma
que sufre el polvo o la amenaza
de la lluvia en el paseo asiduo de los álamos.

Esa criatura que no debe ser vista de reojo
ni por la espalda, sino de perfil a través de otros reflejos
por ella ignorados para no ofender su presencia pasajera
con los efectos destructivos de las costumbres del verano,
cede su imagen:
mentón firme, frente plena, ojos distraídamente
concentrados, el balanceo de las piernas
y la pelvis como un desafío
contra la muerte y el canto moribundo de los pájaros.

La sangre tensa en el talón
rosáceo ¿No es el punto de quiebra
que Renoir buscaba en los afanes
de su reuma, sus dedos deformes
resistiendo la insaciable llamarada de sus ojos
incapaces de renunciar al rosicler de los geranios?

En este punto el mencionado origen de esa sombra,
ícono de luz, *schönheit* inasible del verano paranoico,
ya no importa.
Es un cadáver en potencia, indiferente al epitafio.
La imagen amenazante es la otra.
Lujuria que nace y muere
y vuelve a renacer con todas sus alarmas
callejeras, eidola atrapada, íngrima, en el vidrio.
Imagen de otra imagen en el espejo
de la mente, y luego sombra de otras sombras
en el vago azogue del lenguaje,
en el oscuro resonar de las palabras más urgentes.

Ahora es un hecho que la  peligrosa frontera
de la lengua es el verdadero origen de ese
                                    [cuerpo transitorio,
en la reversa verbal, analepsis o memorial
de nuestros ojos que organizan de adelante
hacia atrás las impresiones de ese cuerpo
desde un rincón de la ventana que da hacia la lluvia
y su persecución del polvo.
Viento polvoriento y nubes de tormenta y lluvia repelente
pueden contra la criatura presurosa que aborda el taxi
en medio del bochorno,
no contra su imagen. El vidrio que la atrapa la
                                    [vuelve a repetir,
palabra celebratoria,  en cada charco bajo la
                                    [sombra de los árboles
para estupor de los profetas obsesionados con los augurios
de la arena y el asalto de las cabras en rocosos páramos
de promontorios afilados, ortigas en vez de higos,
cuando es ella, la voz de las visiones, quién
                                    [decide el lugar de la lluvia

y de las ciudades,
desde el aliento violento del adverbio *antes*
en la boca de un dios patético,
enamorado del polvo creado a su imagen.

**DE LA NADA**

Escribo la palabra T I E M P O
y el espejo arruina jardines
abonados detrás de las agujas segunderas.
Pronuncio la palabra
     M U E R T E
y las cosas pierden sus nombres
bajo tórridos terrones de tierra.
Menciono la palabra
             N
             A
             D
             A
y vuelvo al origen del hombre:
ese génesis marcado en mi nariz
con la invisible curvatura de una horqueta:
soplo de aire escapando
*ex nihil nihilo*
pronto desaliento de una mente
expirando en cámara lenta.

## WILD WEST WIND

*Un viento ardiente venía del desierto.*
Un soplo contra la aldea de los indecisos.
Un viento desconcertante
contra las tiendas de lona podrida,
contra las traiciones de los monumentos,
vuestros ídolos hediondos a penetrante orina.

Un viento cortante viene contra nuestros labios,
un vendaval danzante contra pulcras oficinas.
Mira las serpientes de aire enroscándose en las hojas,
destrozando los periódicos del mes pasado
azotando la hierba seca de los días.
Ay, flor de pistilos sedosos,
pasa ese aliento transparente
y ya no existes.
Han borrado tu nombre en el lugar
de tus raíces. Un humo negro salía de las ventanas.
Todo lo que dijimos y no hicimos.
Todo lo que hicimos y no dijimos.
Actos y discursos y silencios
son el otro viento que llamamos *nada*,
palíndroma de adán,
el humo que somos en tierra enemiga
llevado en el aire por un viento funesto.
Tláloc enloquecido,
la historia es una rata carcomida.

¿Y la búsqueda de un rostro que oponer al cielo?
Somos la espiga que vuela por el campo
sembrado de cadáveres víctimas del tiempo.

## TESTAMENTO DEL VIENTO

El viento que apagó tantas velas
agita las cenizas buscando brasas.
Pastor de nubes, ¿No te bastaron
los escombros que a tus órdenes
dejaron en las calles nuestras llamas?
Por los callejones del barrio árabe
pasa el viento tañendo flautas.
Mi aliento sopla las cenizas.
Un par de piedras arden
como arde el hambre en las entrañas.
Sólo tenemos nuestra voz
confundida entre la brisa
de los muertos y el torbellino de hojas
aventado en la borrasca.
Ahora me embiste la desnudez del aire.
Nadie ve venir la tempestad
a galope sobre las ruinas de las casas.
Seremos brizna crepitante entre los dedos
o el último rescoldo que alguien sopla
contra el imperio apacentado de la nada.

## TOCATTA Y FUGA EN RE MAYOR

Aquí estamos de nuevo
dorso de la mano recorriendo
la superficie de la nada impetrada
corteza torcida *sine línea*,
cordón umbilical sosteniendo al astronauta.
En los techos blancos de ciudades del norte
salto asaltando azoteas
en caída libre
                            hacia la noche.
Si no fuera por las dunas azoradas
esperando el manoseo del viento
enamorado por las tornantes
tormentas de tus huesos
ungidos al óleo con retraso
en la penumbra del sepulcro,
tálamo invadido por acérrimos incendios diminutos.
Sólo esas rocas te definen.
Lenguas amarillas y volutas de humo y sierpes eléctricas
esperando dedos roedores,
tarántulas que pasan transitando tus páramos estériles
a pesar de la saliva y la música salvaje, *beebop*
                                            [incomprensible,
que atraviesa gimiendo en otra lengua,
¡Oh espumas que abrazan las cimas del delirio
entre resquicios de límpidos marfiles!

# RAGE AGAINST THE MACHINE

La máquina Canon muestra su lengua blanca
y continúa vedándome sus acordes.
Su vasto voto de silencio
triunfa en mi apellido prohibido por las voces.
Primer oficio de tinieblas,
minucioso amanecer de insomnio inmisericorde.
¿Qué ritmos intertrocaicos
dormitan en esas teclas?
¿Qué ditirambos de tambores yámbicos
esperan al otro lado de sus mudas letras?
El cáncer acabó con los pequeños dioses.
Los magos ardieron en sus hogueras.
El yo trocóse un pronombre oscuro
ahogado en el espejo de su propia lengua.

Sólo el eco queda de las bocas.
Sólo el murmullo permanece en sombras.

Aquí debería estar el puente cóncavo
que va del *yo* hacia el *nosotros*
y no la máscara vacía de personas.
Sólo ES el vértigo sórdido azorando la página desértica,
la estéril página  fantasmagórica
que no es el torso de ninguna espalda
ni ningún abdomen en incandescencia,
sino el calendario de los días muertos
o el cementerio de las palabras huecas.

La máquina Canon se rebela contra el hijo del Hombre.
Es la tradición rechazando la novedad de la promesa.
En el principio era la Palabra en medio de las sombras.
El hijo del hombre sólo cuenta con la arena.
La sucia transparencia de su lengua es el génesis
donde esculpirá su forma la herejía o la blasfemia.

## SIBERIANA

Mi nombre ampara a un extraño
del cual sólo sé que se trata de mí mismo.
Bestia invernando en cavernas recónditas
batallando con oníricas serpientes indómitas
o contra el humeante metal latente del meteorito.

Estepas donde una madame casi incinerada
-infeliz tótem pétreo de senos decaídos-
dormita decapitada
en el altar de una aldea incendiada del neolítico.

Camadas de forajidos cubiertos  bajo feroces pieles,
nocturnos cavernarios,
asaltan aldeas de otras tribus.
Corre la sangre en rústicas paredes,
delgados chorros dibujan estampidas de antílopes
y un sol rojo quemado –casi negro-
amanece en la piedra de sacrificios.

Luego viene la mesa donde se acomodan
-entumidas por el mal dormir- las manos
                              [analfabetas, sin demonios,
dedos que tantean:
Facturas de luz
Recibos de agua
El periódico atrasado del domingo

y la poeta que envía otro email
lamentando -ahora sí- su pronta internación
por dependencia crónica a los antidepresivos.

Detalles concretos que me desamparan
y arrinconan
contra los muros pétreos de las horas pico.
Morosas alarmas recordándome a destiempo
que es ahora cuando realmente
O muero
           O duermo
                      O me petrifico
bajo el pronombre de un ser extraño
o en el nombre de algún dios caído.

## CANTO DE NADIE PARA NADIE

El que pasó su adolescencia vendiendo drogas duras
en parques decadentes, discos burguesas,
moteles de mala muerte, tabernas de perversión,
y otros tugurios amenazantes en Managua
                                    o San Salvador.

La que envió una caja de condones HOT MIDNIGHT
con esta nota: "No vuelvan a cagarla"
en el aniversario de boda número veinte de sus padres.

El que azotó su ropa llena de piojos sobre los transeúntes
desde una azotea mal iluminada con el afán de compartir
(a golpes)
cuerpo y sangre.

La que hizo el amor a su mejor amiga
envuelta en una bandera azul y blanco
ante el retrato severo, militar condecorada,
                                    [de su propia madre.

El que salió de la sobredosis medio iluminado
dispuesto a no pagar impuestos
ni a cantar ningún himno
ni a reverenciar ningún templo
con la pureza de sus pies descalzos.

Todos ellos- y los que vinieren-
son el demonio en perenne *mosh*
escuchando la música del pánico.

## CURRICULUM MORTIS

Cuando la mesa empieza a volverse solemne
me pongo a recitar a Nicanor Parra.
Y qué bien los pómulos morados,
las pequeñas costumbres salpicadas,
los vestidos de novia comidos por ratones,
los diplomas de poeta manchaditos de KK
Qué bien, señoras y señores,
los murciélagos, errantes
roedores, rondando mi cabeza
mientras me largo
expulsado de todas las reuniones
hacia el insomnio ambulante de las cloacas.
La cabeza caldero alucinógeno,
la cabeza *skaldaskaparmal*:
metal insolente del antipoeta
oscuro sacerdote que no cree en nada.

## FAITHFULL DEPARTED

Vendavales, huérfanos eólicos,
¿A quién celebraremos entre la epidermis
leprosa de los árboles
y la voz prohibida del recién nacido,
ese viento descendiente del viento,
largo gemido contra la blancura de hospicios demenciales?

Hay ciertas voces de combates protagónicos
entre las sombras de oficios sin certámenes.
Un niño venido contra la muerte de los vencidos.

¿Proclamaremos el ascenso de sus pasos
por el murmullo del aire corrompido?
Hemos llegado tarde.
El fuego muerde los talones de la retirada.
Serpientes de viento ardiente
tras los caballos desbocados
a través de estepas incendiadas.
Tañed el olifante. Nadie nos espera
al otro lado de las montañas.
¡Auriga de los augurios!
Nos abandonas en tierra inhóspita,
sombra raptada en tu carroza en llamas.
Miráte en el fulgor de nuestros ojos
donde la tempestad de mañana ya se asoma.
El viento al viento le pasa el mensaje:
El cadáver de tu padre se pudre entre las sombras.

## ÚLTIMA ÁGORA

Vigilantes del viento, luceros de la mañana,
tal vez vale más un perro vivo
que un león muerto,
aunque las abejas construyan colmenas
en las entrañas de su cadáver sórdido.
¿Se pierde la memoria en ese abrevadero?
¿La mente trepidante, ante la hierba seca,
 queda en abandono?

Dicen que a la misma fosa del necio
se dirige el sabio. Todas las bestias a la misma cloaca.
¿Al correr de los días seremos todos olvidados?
Si el viento engendra el viento
y jamás puedes atraparlo,
los rapsodas nos mintieron,
las musas nos estafaron.
Marsias, desollado, venció a Apolo
en su entrega digna hacia la nada.

Si una generación viene
y otra generación va,
ceniza sin memoria de los años,
si esa ceniza sin urnas en la tierra permanece
y el polvo al polvo siempre ha de retornar
¿Merece la pena hablar del canto
o de la mano trémula en el cálamo
empujada sobre la arena donde todo es vanidad?

Arcilla que moldea la tablilla de arcilla,
el bárbaro escribiendo su nombre con un cuchillo
sobre el tormentoso lomo del caprichoso mar.

*"Sopla hacia el sur el viento*
*y nadie sabe a dónde va,*
*gira que te gira el viento,*
*y vuelve el viento a girar"*

Acordaos del viento en vuestros años mozos,
cuando enmudezcan los cantos de los pájaros,
y la amargura invada el sabor de la alcaparra.
Acordaos del aire que bautizó nuestra carne
cuando el lenguaje vuelva a ser nuestra morada.
No olvidéis, luceros del cielo ardiente,
vigilantes del viento indómito,
las costumbres de una sombra hospitalaria,
en el paso por el abismo o el manicomio,
la tienda apenas prestada
por la blancura de nómadas estériles
que triste vida es andar de casa en casa
con la voz de extraños huéspedes, alientos insaciables,
forasteros adolescentes del cansancio terrestre,
padeciendo ante reproches del casero, insultos
                                    [del prestamista,
reclamos de ciudades bien alimentadas
donde los hombres no son dueños del viento
ni dominan el día de sus muertes.
He aprendido que hay un refugio del viento abrasador
que consiste en dejarse arrullar por su ventisca alucinada.
Ahí las hojas marcan el cambio del tiempo
y nuestro hogar está en el aire, donde quiera que nos lleven
sus trompetas transparentes, sus combativas cimitarras.

## TRENO PARA EL ÚLTIMO TRANVÍA

Me pongo la máscara del aire.
Abajo me espera la arena negra
de este cerro. Sufrido azufre para el rodar del cuerpo.
¿Partenios para las vírgenes infames?
Unos van por el misterio de los senos,
otros por las espaldas de trapecios palpitantes,
otros por el abdomen terso,
otros por los rostros de gracia intimidante.
Yo me pongo la máscara del aire
y el viento me levanta,
brizna en su eterno movimiento,
hacia la oscurecedora neblina
que abreva sus veloces naves
en jardines apacibles de los muertos.

¿El hombre es el sueño de una sombra?
Mi cuerpo se une a ese séquito
e intenta proemios de poemas
similares a la niebla
que se forma en los espejos
ante las bocas oscuras de combatientes agonizantes.

Brevedad de la niebla, sentencia de ultratumba,
espasmo celebratorio,
ese vaho en el azogue del espejo
es el mismo aire receloso, imagen viva,
ventolera que recorría las praderas incendiadas
                                    [de heliotropos,
el mismo aliento violento de la tempestad sobre los mares,

la misma borrasca contra las piedras
de abandonados templos salitrosos.

Somos el viento violento que revela en lo visible
la presencia ausente de un hálito
invisible al borde del abismo,
asfixia de un dios en abandono,
cadáver nuestro de cada día,
viento de adviento que se avienta al vértigo
del pozo. ¡Oh pneuma, metáfora del pájaro!
Arrancadle su última palabra al moribundo,
el fuego del insomnio avivado por los fuelles de la muerte,
mientras desciendo cerro abajo,
palabra celebraticia, aliento de los abismos, ráfaga
sin nombre para engendrar un rostro anónimo
contra el silencio pétreo del olvido.

DEDICATORIAS:

"Autorretrato en blanco" está dedicado a Víctor Ruiz.

"Invocación" está dedicado a Carlos M. Castro.

" Dis Manibus" está dedicado a Juan Bautista Bans,
mi tío "Johnny Bans".

"Jason Todd" está dedicado a Manuel Membreño.

"Imagen del mago" a la memoria de Ernesto Mejía Sánchez.

"Noche de Manchester" a la memoria de Ian Curtis.

Todo el poemario está dedicado a N.A, sin la cual no hay
palabras.

Agradecimientos:

A Roberto Carlos Pérez, a Óscar Estrada, a Mario Ramos,
a todo el equipo de Casasola, por haber leído el poemario
y entusiasmarse con él a todo riesgo.

A Víctor Ruiz, por el acto de fe que supuso la lectura y
la corrección a cuatro manos de cada uno de los textos,
a la luz de la fraternidad marginal que nos viene de otros
tiempos.

A N.A por su cariño y su apoyo incondicional.

A aquel de quien viene toda palabra y la fecundidad de mi
silencio.

# INDICE

## I. Continuidad del origen

## II. Adagio del polvo

## III. Discontinuidad del Tránsito.

IV. Formas del viento.

Esta edición cuenta con 500 ejemplares
Impreso por Casasola LLC
en los Estados Unidos

www.ingramcontent.com/pod-product-compliance
Lightning Source LLC
Chambersburg PA
CBHW021403090426
42742CB00009B/978